Ausführliches Verzeichnis der

Guttentag'schen Sammlung

Deutscher Reichs- und Preußischer Gesetze

— Text-Ausgaben mit Anmerkungen; Taschenformat —

welche alle wichtigeren Gesetze in unbedingt zuverlässigen Gesetzestexten und in mustergültiger Weise erläutert enthält, befindet sich hinter dem Sachregister.

Guttentag'sche Sammlung
von
Text-Ausgaben ohne Anmerkungen mit Sachregister.

Zuwachssteuergesetz.

Vom 14. Februar 1911.

Text-Ausgabe
mit ausführlichem Sachregister.

2. Auflage (unveränderter Abdruck).

Berlin 1911.
J. Guttentag, Verlagsbuchhandlung,
G. m. b. H.

Inhaltsverzeichnis.

	Seite
Steuerpflichtige Rechtsvorgänge. §§ 1—6 . .	7—11
Befreiung von der Steuer. § 7	11—13
Berechnung des Zuwachses. §§ 8—27.	
a) Berechnung des Veräußerungswerts. §§ 8 bis 13	13—15
b) Berechnung des Erwerbspreises. §§ 14 bis 21	15—22
c) Besondere Fälle. §§ 22—27	22—25
Tarif. § 28	25—27
Steuerpflichtige Personen. §§ 29—33 . . .	27—30
Wegfall oder Ermäßigung der Steuerpflicht. § 34	30—31
Erhebung und Verwaltung der Zuwachssteuer. §§ 35—49	31—39
Strafvorschriften. §§ 50—55	39—41
Kosten des Verfahrens in Zuwachssteuerangelegenheiten. § 56	42
Verjährung des Zuwachssteueranspruchs. § 57	42
Rechtsstellung der Gemeinden und Bundesstaaten zur Zuwachssteuer. §§ 58—61 .	42—45
Zeitliche Geltung des Gesetzes. §§ 62—65 . .	45—47
Einführungs- und Übergangsbestimmungen. §§ 66—72	47—53
Sachregister . .	. 54—74

Zuwachssteuergesetz.

Vom 14. Februar 1911.

(RGBl. 1911 Nr. 6 S. 33—56.)

Wir Wilhelm, von Gottes Gnaden Deutscher Kaiser, König von Preußen 2c.

verordnen im Namen des Reichs, nach erfolgter Zustimmung des Bundesrats und des Reichstags, was folgt:

§ 1.

Beim Uebergange des Eigentums an inländischen Grundstücken wird von dem Wertzuwachse, der ohne Zutun des Eigentümers entstanden ist, gemäß den Vorschriften dieses Gesetzes eine Abgabe (Zuwachssteuer) erhoben.

Beträgt der Veräußerungspreis, und im Falle einer Teilveräußerung der Wert des Gesamtgrundstücks, bei bebauten Grundstücken nicht mehr als 20 000 Mark, bei unbebauten Grundstücken nicht mehr als 5000 Mark, so bleibt der Eigentumsübergang von der Steuer frei. Als unbebaut gelten auch solche Grundstücke, auf denen sich Gartenhäuser,

Schuppen, Lagerstätten und ähnliche zu vorübergehenden Zwecken dienende Baulichkeiten befinden. Die Steuerfreiheit tritt nur ein, wenn weder der Veräußerer und sein Ehegatte im letzten Jahre ein Einkommen von mehr als 2000 Mark gehabt haben, noch einer von ihnen den Grundstückshandel gewerbsmäßig betreibt. Wird festgestellt, daß die Veräußerung für Rechnung eines Dritten erfolgt, so ist die Steuerfreiheit nur zu gewähren, wenn die Voraussetzungen für die Befreiung auch in der Person des Dritten vorliegen.

§ 2.

Die Vorschriften dieses Gesetzes über Grundstücke finden Anwendung auf Berechtigungen, für welche die sich auf Grundstücke beziehenden Vorschriften des bürgerlichen Rechtes gelten; ausgenommen sind unbewegliche Bergwerksanteile.

§ 3.

Dem Uebergange des Eigentums an Grundstücken steht gleich der Uebergang von Rechten an dem Vermögen einer Gesellschaft mit beschränkter Haftung, einer Kommanditgesellschaft, Gewerkschaft, eingetragenen Genossenschaft, eines eingetragenen Vereins oder einer offenen Handelsgesellschaft, soweit das Vermögen der Vereinigung aus Grundstücken besteht, wenn entweder zum Gegenstande des Unternehmens die Verwertung von Grundstücken gehört, oder wenn die Vereinigung geschaffen ist, um die Zuwachssteuer zu ersparen.

§ 4.

Die Steuerpflicht wird begründet durch die Eintragung der Rechtsänderung in das Grundbuch oder, wenn es einer solchen zum Uebergange des Eigentums nicht bedarf, durch den Vorgang, der die Rechtsänderung bewirkt.

Sofern das Grundbuch noch nicht als angelegt anzusehen ist, tritt an die Stelle der Eintragung die Umschreibung in öffentlichen Büchern.

§ 5.

Erfolgt der Uebergang des Eigentums nicht innerhalb eines Jahres nach Abschluß des zur Uebertragung des Eigentums verpflichtenden Veräußerungsgeschäfts, so gelangt die Zuwachssteuer aus Anlaß dieses Rechtsgeschäfts und, falls innerhalb des einjährigen Zeitraums mehrere Rechtsgeschäfte dieser Art abgeschlossen worden sind, aus Anlaß des letzten Rechtsgeschäfts zur Hebung.

Die Steuerpflicht tritt im Falle des Abs. 1 mit Ablauf eines Jahres nach Abschluß des Veräußerungsgeschäfts ein; für die Veranlagung ist der Zeitpunkt maßgebend, in welchem das Rechtsgeschäft oder bei mehreren Rechtsgeschäften das letzte Rechtsgeschäft abgeschlossen ist.

Als Rechtsgeschäfte im Sinne des Abs. 1 sind auch anzusehen:

1. die Uebertragung der Rechte der Erwerber aus Veräußerungsgeschäften;
2. die Uebertragung von Rechten aus Anträgen zur Schließung eines Veräußerungsgeschäfts, die den Veräußerer binden, sowie aus Verträgen, durch die nur der Veräußerer zur Schließung eines Veräußerungsgeschäfts verpflichtet wird;
3. nachträgliche Erklärungen des aus einem Veräußerungsgeschäfte berechtigten Erwerbers, die Rechte für einen Dritten erworben oder die Pflichten für einen Dritten übernommen zu haben;
4. die Abtretung der Rechte aus dem Meistgebot und die Erklärung des Meistbietenden, daß er für einen anderen geboten habe;
5. Rechtsgeschäfte, durch die jemand ermächtigt wird, ein Grundstück ganz oder teilweise auf eigene Rechnung zu veräußern.

§ 6.

Die Besteuerung wird nicht dadurch ausgeschlossen, daß ein nach diesem Gesetze steuerpflichtiges Rechtsgeschäft durch ein anderes Rechtsgeschäft verdeckt wird, insbesondere an die Stelle des Ueberganges des Eigentums ein Rechtsvorgang tritt, der es ohne Uebertragung des Eigentums einem anderen ermöglicht, über das Grundstück wie ein Eigentümer zu verfügen.

§ 7.

Die Zuwachssteuer wird nicht erhoben:

1. beim Erwerbe von Todes wegen im Sinne der §§ 1 bis 4 des Erbschaftssteuergesetzes sowie beim Erwerb auf Grund einer Schenkung unter Lebenden im Sinne des § 55 des Erbschaftssteuergesetzes, sofern nicht die Form der Schenkung lediglich gewählt ist, um die Zuwachssteuer zu ersparen;
2. bei der Begründung, Aenderung, Fortsetzung und Aufhebung der ehelichen Gütergemeinschaft;
3. beim Erwerb auf Grund von Verträgen, die zwischen Miterben oder Teilnehmern an einer ehelichen oder fortgesetzten Gütergemeinschaft zum Zwecke der Teilung der zum Nachlaß oder zum Gesamtgut gehörenden Gegenstände abgeschlossen werden, sowie beim Erwerb auf Grund eines Zuschlags, der in den vorgenannten Fällen bei Teilung im Wege der Versteigerung einem Miterben oder Teilnehmer erteilt wird;
4. beim Erwerbe der Abkömmlinge von den Eltern, Großeltern und entfernteren Voreltern;

5. beim Einbringen in eine ausschließlich aus dem Veräußerer und dessen Abkömmlingen oder aus diesen allein bestehende Gesellschaft des Bürgerlichen Gesetzbuchs oder Vereinigung der im § 3 bezeichneten Art. Die Steuerpflicht tritt ein, soweit nachträglich ein Gesellschafter aufgenommen wird, der nicht zu den Abkömmlingen des Veräußerers gehört;
6. beim Einbringen von Nachlaßgegenständen in eine ausschließlich von Miterben gebildete Gesellschaft des Bürgerlichen Gesetzbuchs oder Vereinigung der im § 3 bezeichneten Art. Die Vorschrift der Ziffer 5 Satz 2 findet entsprechende Anwendung;
7. beim Austausch im Inlande gelegener Grundstücke zum Zwecke der Zusammenlegung (Flurbereinigung), der Grenzregelung oder der besseren Gestaltung von Bauflächen (Umlegung) sowie bei Ablösung von Rechten an Forsten, wenn diese Maßnahmen auf der Anordnung einer Behörde beruhen oder von einer solchen als zweckdienlich anerkannt werden;
8. beim Austausch von Feldesteilen zwischen angrenzenden Bergwerken und bei der Vereinigung zweier oder mehrerer Bergwerke zum Zwecke der besseren bergbaulichen Ausnutzung, sofern sie nicht zum Zwecke der Steuerersparung erfolgen.

Zu den Miterben im Sinne der Ziffern 3, 6 wird der überlebende Ehegatte gerechnet, der mit den Erben des verstorbenen Ehegatten gütergemeinschaftliches Vermögen zu teilen hat.

§ 8.

Als steuerpflichtiger Wertzuwachs gilt der Unterschied zwischen dem Erwerbspreis und dem Veräußerungspreise.

Der Preis bestimmt sich nach dem Gesamtbetrage der Gegenleistung einschließlich der vom Erwerber übernommenen oder ihm sonst infolge der Veräußerung obliegenden Leistungen und der vorbehaltenen oder auf dem Grundstück lastenden Nutzungen und bei Verträgen über Leistung an Erfüllungsstatt nach dem Werte, zu dem die Gegenstände an Erfüllungsstatt angenommen werden.

Ist einem der Vertragschließenden ein Wahlrecht oder die Befugnis eingeräumt, innerhalb gewisser Grenzen den Umfang der Gegenleistung zu bestimmen, so ist für die Bemessung der Abgabe der höchste mögliche Betrag der Gegenleistung maßgebend.

§ 9.

Beim Uebergang im Wege der Zwangsversteigerung gilt als Preis der Betrag des Meistgebots, zu dem der Zuschlag erteilt wird, unter Hinzurechnung der vom Ersteher übernommenen Leistungen. Im Falle der

Abtretung der Rechte aus dem Meistgebot und der Erklärung des Meistbietenden, daß er für einen anderen geboten habe, tritt an die Stelle des Meistgebots der Wert der Gegenleistung, wenn sie höher ist als das Meistgebot.

§ 10.

Von dem Preise kommt in Abzug der Wert der vom Veräußerer übernommenen Lasten, der Maschinen, auch soweit sie zu den wesentlichen Bestandteilen des Grundstücks gehören, und der Erzeugnisse des Grundstücks, solange sie mit dem Boden zusammenhängen.

§ 11.

Ist ein Preis nicht vereinbart oder nicht zu ermitteln, so tritt an dessen Stelle der Wert des Grundstücks.

Das Gleiche gilt, wenn auf dem Grundstück eine der im § 2 bezeichneten Berechtigungen oder ein Nießbrauchsrecht lastet, zu deren Beseitigung der Veräußerer nicht verpflichtet ist, und der Wert des Grundstücks den Betrag der Gegenleistung übersteigt. Wenn die Beteiligten zum Zwecke der Steuerersparung einen Teil des Entgelts in die Form einer Vermittelungsgebühr, einer den üblichen Zinssatz erheblich übersteigenden Verzinsung des gestundeten Preises oder einer sonstigen Nebenleistung kleiden, so ist der als Teil des Entgelts anzusetzende Betrag durch Schätzung zu ermitteln.

§ 12.

Die Wertermittelung ist in den Fällen, in denen für die Berechnung der Abgabe ein Wert in Betracht zu kommen hat, auf den gemeinen Wert des Grundstücks zu richten. Die Vorschrift des § 8 Abs. 3 findet entsprechende Anwendung.

Der Wert wiederkehrender Leistungen oder Nutzungen bestimmt sich nach den Vorschriften des Erbschaftssteuergesetzes.

§ 13.

Betrifft der steuerpflichtige Rechtsvorgang steuerpflichtige und steuerfreie Gegenstände, ohne daß Einzelpreise oder -werte angegeben werden, so bestimmt die Steuerbehörde den auf die steuerpflichtigen Gegenstände entfallenden Teil der Gesamtsumme, wenn nicht der Steuerpflichtige auf Erfordern innerhalb der ihm bestimmten Frist die Trennung der Preise oder Werte nachholt. Sind zum Zwecke der Steuerersparung unrichtige Angaben gemacht worden, so ist der Betrag durch Schätzung zu ermitteln.

Das Gleiche gilt für die Verteilung des Gesamtbetrags auf mehrere steuerpflichtige Gegenstände.

§ 14.

Dem Erwerbspreis sind hinzuzurechnen:

1. als Kosten des Erwerbes, sofern nicht an Stelle des Erwerbspreises der Wert maßgebend ist, vier vom Hundert des Erwerbspreises und,

falls der Veräußerer nachweislich einschließlich der ortsüblichen Vermittelungsgebühr einen höheren Betrag aufgewendet hat, dieser;

2. falls der Erwerb im Wege der Zwangsversteigerung erfolgt ist und der Veräußerer zur Zeit der Einleitung der Zwangsversteigerung Hypotheken- oder Grundschuldgläubiger war, der nachweisliche Betrag seiner ausgefallenen Forderungen, bis zu dem Werte, den das Grundstück zur Zeit der Zwangsversteigerung oder, wenn der Wert zur Zeit der Eintragung der Forderung höher war, zu diesem Zeitpunkt hatte. Die Forderungen kommen, wenn sie durch entgeltliches Rechtsgeschäft erworben sind, nur in Höhe des geleisteten Entgelts in Anrechnung. Beruht ihr Erwerb auf einer Schenkung, oder ist ihre Eintragung innerhalb kürzerer Zeit als sechs Monate vor der Einleitung der Zwangsversteigerung erfolgt, so werden die Forderungen nur berücksichtigt, wenn nach den Umständen Schenkung oder Eintragung keine Steuerersparung bezwecken;

3. die Aufwendungen für Bauten, Umbauten und für sonstige dauernde besondere Verbesserungen, auch solche land- oder forstwirtschaftlicher Art, sowie für bergmännische Versuchs- und Ausrichtungsarbeiten, die innerhalb des für die Steuerberechnung maßgebenden Zeitraums gemacht sind und weder die nach § 10

abzugsfähigen Gegenstände betreffen, noch der laufenden Unterhaltung von Baulichkeiten oder der laufenden Bewirtschaftung von Grundstücken dienen, soweit die Bauten und Verbesserungen noch vorhanden sind. Außerdem sind fünf vom Hundert, oder wenn der Veräußerer Baugewerbetreibender oder Bauhandwerker und selbst der Bauunternehmer ist, fünfzehn vom Hundert des anrechnungsfähigen Wertes den Aufwendungen hinzuzurechnen. Diese Bestimmung findet jedoch keine Anwendung, wenn der Unternehmer eine Gesellschaft im Sinne des Handelsgesetzbuchs oder eine Genossenschaft ist, die nicht ausschließlich aus Baugewerbetreibenden oder Bauhandwerkern bestehen. Als Aufwendungen im Sinne dieser Vorschrift gelten Beträge, die aus Versicherungen gedeckt sind, nicht, wenn sie zur Wiederherstellung von Baulichkeiten verwendet sind, die vor dem für die Steuerberechnung maßgebenden Zeitraum errichtet waren;

4. die Aufwendungen, Leistungen und Beiträge für Straßenbauten, andere Verkehrsanlagen einschließlich der Kanalisierung, sowie ohne entsprechende Gegenleistung und Verzinsung geleistete Beiträge für sonstige öffentliche Einrichtungen, soweit die Aufwendungen, Leistungen und Beiträge innerhalb des für die Steuerberechnung maßgebenden Zeitraums gemacht

sind. Für jedes volle Jahr dieses Zeitraums nach Schluß des Kalenderjahrs, in welchem die Aufwendungen gemacht oder die Leistungen oder Beiträge verausgabt sind, längstens jedoch für fünfzehn Jahre, sind ihnen vier vom Hundert ihres Betrags hinzuzurechnen. Auf Antrag des Veräußerers tritt an die Stelle dieser Zinsanrechnung die Hinzurechnung gemäß § 16, und zwar gemäß Abs. 1 Ziffer 1 von demjenigen Betrage, welcher den dort bezeichneten Höchstbetrag bei Berücksichtigung auch der Aufwendungen nach Ziffer 4 nicht übersteigt, gemäß Abs. 1 Ziffer 2 von dem Mehrbetrage.

§ 15.

Soweit es sich um die Verbesserung von Flächen handelt, die aus Moorland, Sumpfland, Oed- oder Heideland bestehen, ist auf Antrag des Veräußerers an Stelle der in § 14 Ziffer 3 bezeichneten Aufwendungen dem Erwerbspreis die Erhöhung des Ertragswerts hinzuzurechnen.

§ 16.

Dem Erwerbspreis werden für jedes Jahr des für die Steuerberechnung maßgebenden Zeitraums hinzugerechnet:

1. von dem Betrage des Erwerbspreises und der Anrechnungen nach § 14 Ziffer 1 bis 3, § 15, der

zusammen einhundert Mark, bei Weinbergen dreihundert Mark für das Ar nicht übersteigt, zweieinhalb vom Hundert;

2. von dem Mehrbetrage bei unbebauten Grundstücken zwei, bei bebauten Grundstücken eineinhalb vom Hundert.

Beträgt der für die Steuerberechnung maßgebende Zeitraum nicht mehr als fünf Jahre, so ermäßigen sich die Hinzurechnungen bei unbebaut gebliebenen Grundstücken auf die Hälfte.

Die Hinzurechnung erfolgt für jedes volle Kalenderjahr nach Schluß des Jahres, in dem der für die Steuerberechnung maßgebende Zeitraum beginnt, oder die Aufwendung gemacht, oder in dem bei Bauten und Umbauten die behördliche Gebrauchsabnahme und soweit eine solche nicht besteht, die gebrauchsfertige Herstellung erfolgt ist.

§ 17.

Beruht der Erwerb des Grundstücks auf einem steuerfreien Rechtsvorgange (§ 7), so ist für die Bemessung des Wertzuwachses von dem Preise zur Zeit des letzten steuerpflichtigen Rechtsvorganges auszugehen.

Ob im Sinne dieser Vorschrift Rechtsvorgänge steuerfrei oder steuerpflichtig sind, ist auch für die Zeit vor dem Inkrafttreten dieses Gesetzes nach ihm zu bestimmen. Rechtsgeschäfte der im § 5 bezeichneten Art stehen einem steuerfreien Erwerbsvorgange gleich, sofern sie vor dem 1. Januar 1911 abgeschlossen worden sind.

Wenn der letzte steuerpflichtige Rechtsvorgang mehr als vierzig Jahre vor dem Eintritt der Steuerpflicht liegt, so ist als Erwerbspreis der Wert anzusehen, den das Grundstück vierzig Jahre vor dem Eintritt der Steuerpflicht hatte, sofern der Steuerpflichtige nicht nachweist, daß er oder sein Rechtsvorgänger vor jener Zeit bei einem steuerfreien oder steuerpflichtigen Erwerb einen höheren Erwerbspreis gezahlt hat.

Liegt der für die Bemessung des Wertzuwachses maßgebende Erwerbsvorgang vor dem 1. Januar 1885, so tritt an die Stelle des Preises der Wert, den das Grundstück an diesem Tage gehabt hat, wenn der Steuerpflichtige nicht nachweist, daß er oder sein Rechtsvorgänger vor jener Zeit bei einem steuerfreien oder steuerpflichtigen Erwerb einen höheren Erwerbspreis gezahlt hat.

Als für die Steuerberechnung maßgebender Zeitraum gilt im Falle des Abs. 3 der vierzigjährige Zeitraum, im Falle des Abs. 4 die Zeit seit dem 1. Januar 1885.

§ 18.

Bei Grundstücken in Festungsrayons, die vor dem Erlasse des Rayongesetzes vom 21. Dezember 1871 erworben sind und für die eine Rayonentschädigung nicht gewährt worden ist, ist dem für den 1. Januar

1885 ermittelten Werte der Betrag hinzuzurechnen, um den das Grundstück durch Einführung der Rayonbeschränkung an Wert gemindert worden ist.

§ 19.

Bei einem aus Anlaß einer Flurbereinigung, Grenzregelung oder Umlegung (§ 7 Ziffer 7) empfangenen Grundstück ist als Erwerbspreis das Entgelt anzusehen, das der Eigentümer oder sein Rechtsvorgänger für das in die Flurbereinigung, Grenzregelung oder Umlegung gegebene Grundstück gezahlt hat. Ausgleichszahlungen, die bei der Flurbereinigung, Grenzregelung oder Umlegung stattgefunden haben, sind entsprechend anzurechnen.

Hat der Eigentümer oder sein Rechtsvorgänger bei der Flurbereinigung, Grenzregelung oder Umlegung mehrere Grundstücke empfangen, so werden deren Erwerbspreise aus dem im Abs. 1 bezeichneten Entgelt nach dem Verhältnis berechnet, in welchem die Werte der empfangenen Grundstücke im Zeitpunkt der Flurbereinigung, Grenzregelung oder Umlegung zueinander gestanden haben.

§ 20.

Beschränkt sich der steuerpflichtige Rechtsvorgang auf einen Teil eines Grundstücks, so wird der Erwerbspreis dieses Teiles nach dem Verhältnis seines Wertes zum Werte des Gesamtgrundstücks berechnet.

Unentgeltliche dauernde Ueberlassung von Grundstücken für Verkehrszwecke, für öffentliche oder gemeinnützige Zwecke wird in der Weise berücksichtigt, daß der Gesamterwerbspreis nicht auf die ursprüngliche, sondern auf die nach der Abtretung verbleibende Fläche verteilt wird. Hierzu ist nicht erforderlich, daß eine Eigentumsübertragung erfolgt ist.

Werden Teile eines örtlich und wirtschaftlich zusammenhängenden Grundbesitzes durch verschiedene Rechtsvorgänge von demselben Veräußerer oder von dessen Erben innerhalb dreier Jahre übertragen, so ist der Steuerpflichtige berechtigt, von dem Wertzuwachse des einen Teiles des Grundstücks einen bei der Veräußerung anderer Teile eingetretenen Verlust abzuziehen. Die Zuwachssteuer wird bei den einzelnen Rechtsvorgängen fällig; etwa zuviel gezahlte Steuer wird nach dem letzten Rechtsvorgang erstattet.

§ 21.

Bei Teilveräußerungen sind nur diejenigen Aufwendungen (§ 14 Ziffer 3, 4) anzurechnen, welche diesen Teil ausschließlich oder gemeinschaftlich mit anderen Teilen betreffen. Im letzteren Falle erfolgt die Anrechnung nach dem Verhältnis des Wertes, den die Grundstücksteile zur Zeit der Veräußerung haben.

§ 22.

Von dem Veräußerungspreise sind in Abzug zu bringen:

1. die dem bisherigen Eigentümer nachweislich zur Last fallenden Kosten der Veräußerung und Uebertragung einschließlich der für die Vermittelung gezahlten ortsüblichen Gebühr, sofern nicht an Stelle des Veräußerungspreises der Wert maßgebend ist;
2. auf Antrag des Veräußerers der Betrag, um den nachweislich während des für die Steuerberechnung maßgebenden Zeitraums, jedoch nicht länger als für fünfzehn zusammenhängende Jahre, der aus dem Grundstück erzielte Jahresertrag hinter drei vom Hundert des Erwerbspreises zuzüglich der nach § 14 Ziffer 1 bis 3 zulässigen Anrechnungen zurückbleibt. Ist statt des Erwerbspreises der Wert zu einer späteren Zeit als der des Erwerbes maßgebend (§ 17 Abs. 3 und 4), so sind die drei vom Hundert nicht von diesem Werte, sondern von dem Erwerbspreis zu berechnen, den der Steuerpflichtige oder sein Rechtsvorgänger vor jener Zeit bei einem steuerfreien oder steuerpflichtigen Erwerbe gezahlt hat.

§ 23.

Dem Veräußerungspreise sind hinzuzurechnen Entschädigungen für eine Wertminderung des Grundstücks, soweit der Anspruch während des für die Steuerberechnung maßgebenden Zeitraums nach dem 1. Januar 1911 entstanden und der Betrag nicht nachweislich zur Beseitigung des Schadens verwendet worden ist.

§ 24.

Wird die Zahlung der Zuwachssteuer nach dem Vertrage von dem Erwerber übernommen, so ist ein nach den sonstigen Vorschriften dieses Gesetzes berechneter Steuerbetrag dem Veräußerungspreise hinzuzuzählen und hiernach die Steuer festzusetzen.

§ 25.

Im Falle der steuerpflichtigen Ueberlassung eines gemeinschaftlichen Grundstücks an einen Mitberechtigten oder Gesellschafter bleibt für die Bemessung des Wertzuwachses der Anteil des Erwerbers außer Betracht. Beim Eintritt des nächsten Steuerfalls ist der Wertzuwachs, der für den Anteil des Erwerbers seit dem letzten vor der Auseinandersetzung gelegenen steuerpflichtigen Rechtsvorgang entstanden ist, und der für die Anteile der früheren Mitberechtigten oder Gesellschafter seit der Auseinandersetzung eingetretene Wertzuwachs gesondert zu versteuern.

§ 26.

Bei der Vertauschung ist die Zuwachssteuer für jeden Tauschgegenstand gesondert zu berechnen und zu erheben.

§ 27.

Erfolgt der Erwerb auf Grund mehrerer aufeinanderfolgender Rechtsgeschäfte von dem bisherigen

Berechtigten an den letzten Erwerber, so gilt der von dem ersteren gezahlte Preis als Erwerbspreis und die Gesamtheit der Beträge, um die sich der Preis des Grundstücks zwischen je zwei Rechtsgeschäften erhöht hat, als Wertzuwachs. Das Gleiche gilt, falls vor dem Uebergang an den letzten Erwerber die Steuerpflicht gemäß § 5 eingetreten ist, mit der Maßgabe, daß für den Uebergang an den letzten Erwerber als Erwerbspreis das Entgelt bestimmend ist, das bei der früheren Versteuerung als Veräußerungspreis zu Grunde gelegt worden ist.

Als Rechtsgeschäfte im Sinne des Abs. 1 sind auch Vorgänge der im § 5 Abs. 3 bezeichneten Art anzusehen.

§ 28.

Die Steuer beträgt

10 v. H. bei einer Wertsteigerung von nicht mehr als 10 v. H. des Betrags, der sich aus dem Erwerbspreis und den Zu- und Abrechnungen (§§ 14 bis 16, 21) zusammensetzt,

11 v. H. bei einer Wertsteigerung von mehr als 10 v. H. bis einschließlich 30 v. H. dieses Betrags,

12 v. H. bei einer Wertsteigerung von mehr als 30 v. H. bis einschließlich 50 v. H. dieses Betrags,

13 v. H. bei einer Wertsteigerung von mehr als 50. v. H. bis einschließlich 70 v. H. dieses Betrags,

14 v. H. bei einer Wertsteigerung von mehr als 70 v. H. bis einschließlich 90 v. H. dieses Betrags,

15 v. H. bei einer Wertsteigerung von mehr als 90 v. H. bis einschließlich 110 v. H. dieses Betrags,

16 v. H. bei einer Wertsteigerung von mehr als 110 v. H. bis einschließlich 130 v. H. dieses Betrags,

17 v. H. bei einer Wertsteigerung von mehr als 130 v. H. bis einschließlich 150 v. H. dieses Betrags,

18 v. H. bei einer Wertsteigerung von mehr als 150 v. H. bis einschließlich 170 v. H. dieses Betrags,

19 v. H. bei einer Wertsteigerung von mehr als 170 v. H. bis einschließlich 190 v. H. dieses Betrags,

20 v. H. bei einer Wertsteigerung von mehr als 190 v. H. bis einschließlich 200 v. H. dieses Betrags,

21 v. H. bei einer Wertsteigerung von mehr als 200 v. H. bis einschließlich 210 v. H. dieses Betrags,

22 v. H. bei einer Wertsteigerung von mehr als 210 v. H. bis einschließlich 220 v. H. dieses Betrags,

23 v. H. bei einer Wertsteigerung von mehr als 220 v. H. bis einschließlich 230 v. H. dieses Betrags,

24 v. H. bei einer Wertsteigerung von mehr als 230 v. H. bis einschließlich 240 v. H. dieses Betrags,

25 v. H. bei einer Wertsteigerung von mehr als 240 v. H. bis einschließlich 250 v. H. dieses Betrags,

26 v. H. bei einer Wertsteigerung von mehr als 250 v. H. bis einschließlich 260 v. H. dieses Betrags,

27 v. H. bei einer Wertsteigerung von mehr als 260 v. H. bis einschließlich 270 v. H. dieses Betrags,

28 v. H. bei einer Wertsteigerung von mehr als 270 v. H. bis einschließlich 280 v. H. dieses Betrags,

29 v. H. bei einer Wertsteigerung von mehr als 280 v. H. bis einschließlich 290 v. H. dieses Betrags,
30 v. H. bei einer Wertsteigerung von mehr als 290 v. H. dieses Betrags.

Die Steuer ermäßigt sich für jedes vollendete Jahr des für die Steuerberechnung maßgebenden Zeitraums um eins vom Hundert ihres Betrags. Ist das Grundstück vor dem 1. Januar 1900 erworben, so beträgt die Ermäßigung für die Zeit bis zum 1. Januar 1911 eineinhalb vom Hundert jährlich.

Steuerbeträge, die im ganzen unter zwanzig Mark bleiben, werden nicht erhoben.

§ 29.

Die Entrichtung der Zuwachssteuer liegt demjenigen ob, dem das Eigentum an dem Grundstück vor dem die Steuerpflicht begründenden Rechtsvorgange zustand. Mehrere Steuerpflichtige haften als Gesamtschuldner.

Kann die Steuer von dem Veräußerer nicht beigetrieben werden, so haftet der Erwerber für die Steuer bis zum Betrage von zwei vom Hundert des Veräußerungspreises. Diese Bestimmung findet keine Anwendung beim Erwerb im Wege der Zwangsversteigerung.

Die Haftung fällt fort, sobald der Veräußerer einen entsprechenden Betrag gezahlt oder sichergestellt hat.

§ 30.

Von der Steuerpflicht (§ 29 Abs. 1) befreit sind:

1. der Landesfürst und die Landesfürstin;
2. das Reich;
3. die Bundesstaaten und Gemeinden (Gemeindeverbände), in deren Bereich das Grundstück sich befindet;
4. Vereinigungen aller Art, welche ohne Erwerbszwecken zu dienen, satzungsgemäß sich mit innerer Kolonisation, Arbeiteransiedelung, Grundentschuldung oder Errichtung von Wohnungen für die minderbemittelten Klassen befassen, falls sie den zur Verteilung gelangenden Reingewinn auf eine höchstens 4 prozentige Verzinsung der Kapitaleinlagen beschränken, den Mitgliedern, Geschäftsführern oder sonstigen Beteiligten auch nicht in anderer Form besondere Vorteile gewähren, bei Auslosung, Austritt eines Mitglieds oder für den Fall der Auflösung nicht mehr als den Nennwert ihrer Anteile zusichern und bei der Auflösung den etwaigen Rest ihres Vermögens für die vorbezeichneten Zwecke bestimmen. Ob diese Voraussetzungen zutreffen, entscheidet der Bundesrat. Er ist auch ermächtigt, solchen Vereinigungen der vorbezeichneten Art Steuerfreiheit zuzubilligen, die eine höchstens fünfprozentige Verzinsung der Kapitaleinlagen gewähren.

§ 31.

Durch die Landesgesetzgebung können Ausnahmen von der Bestimmung der Ziffer 1 des § 30 zu Gunsten der Gemeinden (Gemeindeverbände) gemacht werden. Wo solche landesgesetzlichen Bestimmungen bereits bestehen, behält es dabei sein Bewenden.

§ 32.

Gehen dem Eintritt der Steuerpflicht mehrere aufeinanderfolgende Rechtsgeschäfte der im § 5 bezeichneten Art voraus (§ 27), so haften die an einem dieser Rechtsvorgänge als Veräußerer Beteiligten für die Steuer neben dem Steuerpflichtigen als Gesamtschuldner. Im Verhältnis der Beteiligten zueinander haftet jeder Veräußerer für die Steuer nur in der Höhe, in der er haften würde, wenn der Uebergang auf Grund des von ihm geschlossenen Veräußerungsgeschäfts erfolgt wäre.

Ist die Vornahme des steuerpflichtigen Rechtsvorganges unter Mitwirkung eines Bevollmächtigten oder durch die Tätigkeit eines Vermittlers mit der Maßgabe erfolgt, daß diesen der einen gewissen Betrag übersteigende Teil des Preises verbleibt, so haftet für den auf den Mehrerlös entfallenden Teil der Steuer neben dem Veräußerer als Gesamtschuldner derjenige, dem der Mehrerlös zukommt.

Liegt der die Haftung begründende Rechtsvorgang

vor dem Inkrafttreten dieses Gesetzes, so finden die Vorschriften der Abs. 1, 2 keine Anwendung.

§ 33.

Jeder, der nach den Vorschriften des § 32 Abs. 1 für die Entrichtung der Abgabe haftet, ist berechtigt, innerhalb eines Monats nach Vornahme des die Haftpflicht begründenden Rechtsvorganges die Festsetzung und Erhebung der Abgabe von dem Wertzuwachse zu beantragen, der bis zu dem die Haftpflicht begründenden Rechtsvorgang entstanden ist.

Bei der nächsten Versteuerung bemißt sich die Abgabe nach dem Steuersatze, der bei Einrechnung dieses Wertzuwachses anzuwenden wäre.

§ 34.

Ist im Falle des § 5 das steuerpflichtige Rechtsgeschäft nichtig oder aufgehoben, so ist nach näherer Bestimmung des Bundesrats die Abgabe auf Antrag zu erlassen. Dasselbe gilt, wenn wegen Nichterfüllung der Vertragsbedingungen das Rechtsgeschäft rückgängig gemacht oder das Eigentum zurückübertragen wird. Ferner ist in den Fällen der Preisminderung nach §§ 459, 460 des Bürgerlichen Gesetzbuchs der Veräußerungspreis entsprechend zu ermäßigen und die Steuer entsprechend zurückzuzahlen.

Wird das Grundstück auf den bisherigen Eigentümer wieder übertragen, so kann nach näherer Bestimmung des Bundesrats die Abgabe erlassen werden. Die Abgabe muß erlassen werden, wenn die Rückübertragung innerhalb zweier Jahre seit der Veräußerung erfolgt.

Wird die Steuer erlassen, so gilt die Veräußerung im Sinne dieses Gesetzes als nicht erfolgt.

§ 35.

Für die Verwaltung und Erhebung der Zuwachssteuer ist der Bundesstaat zuständig, in welchem sich das Grundstück befindet.

Die Verwaltung der Zuwachssteuer erfolgt durch die von der Landesregierung hierzu bestimmten Stellen.

§ 36.

Die Reichsbevollmächtigten für Zölle und Steuern üben in Ansehung der Ausführung dieses Gesetzes dieselben Rechte und Pflichten aus, die ihnen bezüglich der Zölle und Verbrauchssteuern beigelegt sind.

In Staaten, in denen die Geschäfte der Oberbehörde für die Zuwachssteuer anderen Behörden als den Zolldirektivbehörden übertragen sind, werden der Umfang und die Art der Tätigkeit der Reichsbevollmächtigten vom Reichskanzler im Einvernehmen mit der beteiligten Bundesregierung geregelt.

Unter Zustimmung des Bundesrats kann der Reichskanzler die Wahrnehmung der Geschäfte der Reichsbevollmächtigten, soweit die Ausführung dieses

Gesetzes in Betracht kommt, anderen Beamten übertragen.

§ 37.

Jeder steuerpflichtige Rechtsvorgang und, sofern eine Preiserhöhung eintritt, jedes Rechtsgeschäft der im § 5 bezeichneten Art ist binnen einer Frist von einem Monat der zuständigen Steuerbehörde (§ 35 Abs. 2) anzumelden. Die Verpflichtung hierzu trifft den Veräußerer und den Erwerber. Sind mehrere Veräußerer oder Erwerber vorhanden, so trifft die Verpflichtung jeden von ihnen. Sie gilt in gleicher Weise für die gesetzlichen Vertreter.

Die Frist beginnt mit dem Zeitpunkt, in welchem der Verpflichtete von dem steuerpflichtigen Rechtsvorgang oder von dem Rechtsgeschäfte Kenntnis erhält.

Einer Anmeldung bedarf es nicht, wenn vor Ablauf der Frist die Auflassung oder Eintragung stattgefunden hat.

Sind mehrere Personen zur Erstattung der Anmeldung verpflichtet, so wird durch die von einem Verpflichteten bewirkte Anmeldung der Anzeigepflicht der übrigen genügt.

§ 38.

Den Steuerbehörden haben nach näherer Bestimmung des Bundesrats Mitteilung zu machen

1. die Grundbuchämter

   von den Eintragungen des Eigentumsüberganges von Grundstücken in das Grundbuch;

2. die Registergerichte und -behörden
von Eintragungen in das Handels- und Genossenschaftsregister und von Einreichungen zum Handelsregister, soweit sie in Verfolg eines steuerpflichtigen Rechtsvorganges vorgenommen werden;
3. allgemein die Behörden und Beamten des Reichs, Staates und der Gemeinde sowie die Notare
   a) von allen von ihnen beurkundeten Rechtsvorgängen, die den Uebergang des Eigentums an inländischen Grundstücken zum Gegenstande haben oder zu den im § 5 bezeichneten Rechtsgeschäften gehören;
   b) von allen Fällen der Erhebung der Abgabe auf Grund der Tarifnummer 11 des Reichsstempelgesetzes.

Die Landesregierungen sind ermächtigt, im Einverständnisse mit dem Reichskanzler die Mitteilungspflicht anderen als den in Ziffer 1 und 2 genannten Stellen zu übertragen.

§ 39.

Auf Verlangen der Steuerbehörde und innerhalb einer von ihr zu bestimmenden angemessenen Frist hat der gemäß § 37 zur Anmeldung verpflichtete Veräußerer dem Amte eine Zuwachssteuererklärung einzureichen, welche die für die Steuerpflicht und die

Steuerbemessung in Betracht kommenden Umstände ersehen läßt.

Die Steuererklärung ist unter der Versicherung zu erstatten, daß die Angaben nach bestem Wissen und Gewissen gemacht sind.

§ 40.

Trägt die Steuerbehörde Bedenken, die Angaben in der Steuererklärung als richtig anzunehmen, so teilt sie dem Steuerpflichtigen die beanstandeten Punkte unter Bestimmung einer angemessenen Frist zur Gegenerklärung mit. Erfolgt innerhalb der gesetzten Frist keine Gegenerklärung oder führen die Verhandlungen nicht zu einer Einigung, so ist die Steuerbehörde befugt, nach näherer Bestimmung der Landesregierung die erforderlichen Ermittelungen selbständig vorzunehmen und danach die Steuer zu erheben.

Die Kosten der Ermittelungen fallen dem Steuerpflichtigen zur Last, wenn sie zu einer endgültigen Steuerfestsetzung führen, die den nach den Angaben des Steuerpflichtigen veranlagten Abgabebetrag um mehr als ein Drittel übersteigt.

§ 41.

Die Behörden, Beamten und Notare haben den Steuerbehörden jede zur Ermittelung der Abgabe dienliche Hilfe zu leisten und insbesondere auf Verlangen die Einsicht in die Verhandlungen zu gestatten, die sich auf die für die Steuerbemessung maßgebenden Vorgänge beziehen.

§ 42.

Personen, die als Veräußerer oder Erwerber oder als Vertreter eines von diesen an dem steuerpflichtigen Rechtsvorgange teilhaben, sind verpflichtet, auf Verlangen der Steuerbehörde über die Tatsachen, die für die Veranlagung der Abgabe von Bedeutung sind, Auskunft zu geben und die hierüber in ihrem Besitze befindlichen Urkunden vorzulegen.

Das Gleiche gilt von den an früheren steuerpflichtigen Vorgängen beteiligten Personen.

§ 43.

Ist die Zuwachssteuer berechnet, so erteilt die Steuerbehörde einen Steuerbescheid, der die Person des Steuerpflichtigen, den Betrag der Zuwachssteuer, deren Berechnungsgrundlagen und die von der Steuererklärung abweichenden Punkte, ferner die zulässigen Rechtsmittel, die für diese festgesetzten Fristen sowie die Behörden, bei denen sie anzubringen sind, angibt und zugleich die Anweisung zur Entrichtung der Steuer innerhalb einer zu bestimmenden Frist enthält. Die Frist muß mindestens einen Monat betragen.

§ 44.

Gegen den Steuerbescheid sind als Rechtsmittel zulässig:

1. die Beschwerde, soweit sie nicht landesrechtlich ausgeschlossen wird;
2. das Verwaltungsstreitverfahren oder ein durch die Landesgesetzgebung geordnetes anderweites Verfahren vor den Verwaltungsgerichten, und wenn ein verwaltungsgerichtliches Verfahren nicht besteht oder landesrechtlich ausgeschlossen wird, der Rechtsweg.

Ob durch die Erhebung der Beschwerde seitens des Steuerpflichtigen das Verwaltungsstreitverfahren oder der Rechtsweg für ihn ausgeschlossen wird, oder ob das Verwaltungsstreitverfahren oder das anderweite Verfahren vor den Verwaltungsgerichten oder der Rechtsweg erst nach Erledigung der Beschwerde und der weiteren Beschwerde zulässig ist, richtet sich nach den landesrechtlichen Vorschriften.

§ 45.

Die Beschwerde ist binnen einer Frist von einem Monat seit der Zustellung des Bescheids bei der Steuerbehörde anzubringen.

Verspätete Beschwerden sind zuzulassen, wenn die Steuerbehörde zu der Annahme gelangt, daß der Beschwerdeführer ohne sein Verschulden verhindert war, die Frist einzuhalten.

Der Beschwerdebescheid hat anzugeben, bei welcher Behörde und innerhalb welcher Frist die weitere Beschwerde einzulegen ist.

Die Beschwerde und die weitere Beschwerde haben keine aufschiebende Wirkung.

Das Beschwerdeverfahren regelt der Bundesrat.

§ 46.

Für die Fristen des verwaltungsgerichtlichen Verfahrens sowie für die Frist, in der die gerichtliche Klage zu erheben ist, sind die landesrechtlichen Vorschriften maßgebend. Sind für die Frist zur Erhebung der gerichtlichen Klage landesrechtliche Vorschriften nicht getroffen, so muß die Klage binnen einer Frist von einem Monat erhoben werden; die Frist beginnt mit der Zahlung oder Stundung der Steuer.

Ueber die Frage, ob Stundung gemäß § 48 eintreten soll, entscheidet endgültig die Steuerbehörde.

Auf den Lauf der im Abs. 1 bezeichneten Fristen finden die für die Verjährung geltenden Vorschriften der §§ 203, 206, 207 des Bürgerlichen Gesetzbuchs entsprechende Anwendung.

Für die gerichtliche Klage sind ohne Rücksicht auf den Wert des Streitgegenstandes ausschließlich die Landgerichte zuständig. Für die Verhandlung und Entscheidung letzter Instanz ist das Reichsgericht zuständig.

§ 47.

Dem Grundstückseigentümer ist auf Antrag für sein Grundstück oder für Grundstücksteile von der Steuerbehörde ein Bescheid über die bis dahin feststellbaren Berechnungsgrundlagen zu erteilen. Der Bescheid unterliegt den gegen den Steuerbescheid gegebenen Rechtsmitteln. Die in dem Bescheide getroffenen Festsetzungen sind für die spätere Veranlagung maßgebend.

Für die Erteilung des Bescheids ist eine Gebühr von ½ vom Tausend des Erwerbspreises, mindestens aber von zwanzig Mark zu entrichten; außerdem fallen dem Antragsteller die Kosten des Rechtsmittelverfahrens zur Last.

§ 48.

In Fällen, in denen die sofortige Einziehung der Steuer mit erheblichen Härten verbunden sein würde, ist die Steuer nach näherer Bestimmung des Bundesrats, nötigenfalls gegen Sicherheitsleistung, zu stunden, auch die Entrichtung in Teilbeträgen zu gestatten. Die Bewilligung kann zurückgenommen werden, insoweit deren Voraussetzungen wegfallen.

§ 49.

Ist der Steuerpflichtige ein Deutscher, so ist zum Zwecke der Einziehung der Zuwachssteuer die Zwangsversteigerung eines Grundstücks ohne seine Zustimmung nicht zulässig.

§ 50.

Die Nichterfüllung der gesetzlichen Pflicht zur Einreichung der Zuwachssteueranmeldung oder -erklärung (§§ 37, 39) unterliegt einer Geldstrafe bis zum vierfachen Betrage der Zuwachssteuer.

Die gleiche Strafe trifft denjenigen, der wissentlich unrichtige Angaben macht, die geeignet sind, zu einer Verkürzung der Steuer zu führen.

Eine Bestrafung findet jedoch nicht statt, wenn der Verpflichtete vor erfolgter Strafanzeige oder bevor eine Untersuchung gegen ihn eingeleitet worden ist, aus freien Stücken die Erfüllung der im Abs. 1 erwähnten Verpflichtungen nachholt oder seine Angaben berichtigt.

§ 51.

Ist nach den obwaltenden Umständen anzunehmen, daß die rechtzeitige Erfüllung der Verpflichtung nicht in der Absicht unterlassen worden ist, die Zuwachssteuer zu hinterziehen, oder daß die unrichtigen Angaben nicht in dieser Absicht gemacht worden sind, so tritt an die Stelle der im § 50 vorgesehenen Strafe eine Ordnungsstrafe bis zu sechshundert Mark.

Für andere als die im § 50 und im Abs. 1 bezeichneten Zuwiderhandlungen gegen die Vorschriften dieses Gesetzes oder die zu seiner Ausführung erlassenen Bestimmungen tritt eine Ordnungsstrafe bis zu einhundertfünfzig Mark ein.

§ 52.

Die Einziehung der Zuwachssteuer erfolgt unabhängig von der Bestrafung.

§ 53.

Die Strafe trifft jeden, der eine der in den §§ 50, 51 vorgesehenen Zuwiderhandlungen begeht.

Die Strafe ist bei offenen Handelsgesellschaften, Kommanditgesellschaften und Kommanditgesellschaften auf Aktien gegen die zur Vertretung berechtigten Gesellschafter, bei Gesellschaften mit beschränkter Haftung gegen die Geschäftsführer, bei Genossenschaften, Aktiengesellschaften und sonstigen rechtsfähigen Vereinen gegen die Vorstandsmitglieder nur im einmaligen Betrage, jedoch unter Haftung jedes einzelnen als Gesamtschuldner festzusetzen. Ebenso ist in anderen Fällen zu verfahren, in denen mehrere Personen gemeinschaftlich oder als Vertreter eines Beteiligten sich strafbar gemacht haben.

Die Vorschrift des Abs. 2 Satz 1 findet entsprechende Anwendung im Verhältnis des Vollmachtgebers zum Bevollmächtigten, der innerhalb der ihm zustehenden Vertretungsmacht im Namen des Vollmachtgebers eine Handlung vornimmt, die eine strafbare Zuwiderhandlung enthält.

§ 54.

Hinsichtlich des Verwaltungsstrafverfahrens, der Strafmilderung und des Erlasses der Strafe im Gnadenwege sowie hinsichtlich der Strafvollstreckung und der Verjährung der Strafverfolgung kommen, auch für die Gebietsteile außerhalb der Zollgrenze, die sich auf die Zollstrafen beziehenden Vorschriften zur Anwendung. Die Landesregierung ist ermächtigt, zu bestimmen, daß an die Stelle der Hauptzollämter und Zoll-Direktivbehörden andere Staatsbehörden treten. Die Steuerbehörden haben in den Fällen der §§ 50, 51 den für die Strafverfolgung zuständigen Behörden Mitteilung zu machen.

Die festgesetzten Geldstrafen fallen der Staatskasse des Bundesstaats zu, von dessen Behörden die Strafentscheidung getroffen ist.

§ 55.

Die Umwandlung einer nicht beizutreibenden Geldstrafe in eine Freiheitsstrafe findet nicht statt. Auch ist, wenn der Verurteilte ein Deutscher ist, die Zwangsversteigerung eines Grundstücks ohne seine Zustimmung nicht zulässig.

§ 56.

Das Verwaltungsverfahren in Zuwachssteuerangelegenheiten ist — abgesehen von dem Rechtsmittel- und Strafverfahren — kosten-, gebühren- und stempelfrei, soweit nicht in den §§ 40 Abs. 2, 47 Abs. 2 etwas Abweichendes bestimmt ist.

§ 57.

Der Anspruch auf die Zuwachssteuer verjährt in zehn Jahren. Die Frist beginnt mit dem Schlusse des Jahres, in welchem der Anspruch auf die Steuer entstanden ist; im Falle der Sicherheitsleistung (§ 48) nicht vor Ablauf des Jahres, in welchem die Sicherheit erlischt.

§ 58.

Von dem Ertrage der Zuwachssteuer erhält das Reich fünfzig vom Hundert. Weitere zehn vom Hundert erhalten, sofern nicht die Landesgesetzgebung eine andere Bestimmung trifft, die Bundesstaaten als Entschädigung für die Verwaltung und Erhebung der Steuer. Vierzig vom Hundert fließen den Gemeinden oder Gemeindeverbänden zu, in deren Bereiche das Grundstück sich befindet. Die Regelung zwischen Gemeinden und Gemeindeverbänden, soweit diesen nach den Bestimmungen der Landesgesetzgebung ein Besteuerungsrecht zusteht, sowie in Ansehung von Grundstücken, die keiner Gemeinde angehören, erfolgt durch die Landesgesetzgebung. Bis zum Erlasse des Landesgesetzes fließen die vierzig vom Hundert den Gemeinden zu, in deren Bereiche das Grundstück sich befindet; in Ansehung von Grundstücken, die keiner Gemeinde angehören und in den Fällen, in denen bisher ein Gemeindeverband Zuwachssteuer erhoben hat, erfolgt bis dahin die Regelung durch die Landesregierung.

§ 59.

Die Gemeinden (Gemeindeverbände) sind berechtigt, mit Genehmigung der Landesregierung durch Satzung zu bestimmen, daß zu dem Anteil, der ihnen nach § 58 von dem Ertrage der Steuer zufließt, für ihre Rechnung Zuschläge erhoben werden.

Die Zuschläge sind nach Hundertteilen zu berechnen; sie dürfen im einzelnen Falle einhundert vom Hundert des der Gemeinde (Gemeindeverbande) zufließenden Betrags nicht übersteigen. Die Zuschläge dürfen für die verschiedenen Grundstücksarten und nach der Dauer des für die Steuererhebung maßgebenden Zeitraums verschieden festgesetzt werden.

Reichssteuer und Zuschlag dürfen zusammen dreißig vom Hundert der Wertsteigerung nicht übersteigen.

§ 60.

Erreicht in Gemeinden (Gemeindeverbänden), in denen eine Zuwachssteuer vor dem 1. April 1909 beschlossen und vor dem 1. Januar 1911 in Kraft getreten war, deren Anteil am Ertrage der Zuwachssteuer gemäß § 58 nicht den auf Grund der vor dem 1. April 1909 beschlossenen Satzung erzielten jährlichen Durchschnittsertrag, so ist ihnen bis zum 1. April 1915 der Unterschied aus dem auf das Reich entfallenden Anteil an dem in der Gemeinde (dem Gemeindeverband) aufkommenden Ertrage zuzuweisen; von dem überschießenden Betrage fallen dem Reiche fünf Sechstel, dem Bundesstaat ein Sechstel zu. Das Gleiche gilt für Gemeinden (Gemeindeverbände), in denen die Satzung vor dem 1. Januar 1911 mit Wirkung über den 1. April 1909 zurück in Kraft getreten ist.

Statt der Zuweisung des Unterschieds kann den Gemeinden (Gemeindeverbänden) auf Antrag nach Bestimmung des Reichskanzlers für die Dauer des bezeichneten Zeitraums an Stelle der Vorschriften dieses Gesetzes die bisherige Satzung weiterhin mit der Maßgabe belassen werden, daß der Ertrag den Gemeinden (Gemeindeverbänden) in Höhe des vor dem 1. April 1911 erzielten Durchschnittsertrags zufließt und der überschießende Betrag an das Reich abzuführen ist.

Die Festsetzung des Durchschnittsertrags erfolgt durch den Bundesrat.

§ 61.

Für diejenigen Gebietsteile eines Bundesstaats, in denen eine besondere Gemeindeverfassung nicht vorhanden ist, finden die in den §§ 58 bis 60 für Gemeinden getroffenen Vorschriften auf den Bundesstaat Anwendung.

Die Vorschriften des § 60 erstrecken sich auch auf die Bundesstaaten mit der Maßgabe, daß überall an die Stelle der Satzung das Landesgesetz tritt.

§ 62.

Die Steuerpflicht nach Maßgabe dieses Gesetzes erstreckt sich auch auf Rechtsvorgänge, die nach dem 31. Dezember 1910 bis zum Inkrafttreten dieses Gesetzes stattgefunden haben. Die Vorschriften des § 29 Abs. 2, 3 finden keine Anwendung.

Als Zeitpunkt des Eintritts der Steuerpflicht und als Beginn der Anmeldepflicht (§ 37) gilt der Tag des Inkrafttretens dieses Gesetzes.

Ist auf Grund der im § 72 Abs. 2 mit Wirkung vom 1. Januar 1911 aufgehobenen Vorschriften eine Zuwachssteuer bereits entrichtet, so wird sie dem Steuerpflichtigen erstattet oder, soweit für denselben Rechtsvorgang Zuwachssteuer nach diesem Gesetze zu erheben ist, auf deren Betrag angerechnet.

§ 63.

Die Besteuerung unterbleibt, wenn die Urkunde über das Veräußerungsgeschäft, das zu dem Eigentumsübergange führte, vor dem 1. Januar 1911 in öffentlich beglaubigter Form errichtet oder bei einer Behörde eingereicht war.

§ 64.

Betrifft ein steuerpflichtiger Rechtsvorgang Grundstücke, die von Aktiengesellschaften, Kommanditgesellschaften auf Aktien oder Gesellschaften und Vereinigungen der im § 3 bezeichneten Art nach dem 31. März 1905 erworben sind, so tritt bei Erwerbsvorgängen, die vor dem 1. Januar 1911 erfolgt sind, an die Stelle des Erwerbspreises der Wert, sofern dieser um mehr als fünfundzwanzig vom Hundert hinter dem angegebenen Erwerbspreis zurückbleibt und sich nicht aus den Umständen ergibt, daß die höhere Bemessung des Erwerbspreises keine Steuerersparung bezweckt.

§ 65.

Hat vor dem 1. Januar 1911 eine Auseinandersetzung gemäß § 7 Ziffer 3 stattgefunden, so bleibt die Steuerpflicht für die Zeit vor der Auseinandersetzung auf den Anteil des Erwerbers beschränkt. Diese Vorschrift findet entsprechende Anwendung, wenn die Zuweisung an einen Erben unter Anrechnung auf den Erbteil auf letztwilliger Verfügung von Todes wegen beruht und der Erbfall vor dem 1. Januar 1911 eingetreten ist.

Hat einer von mehreren Abkömmlingen gemäß § 7 Ziffer 4 von seinen Eltern, Großeltern oder Voreltern vor dem 1. Januar 1911 gegen Entgelt ein Grundstück erworben, so bleibt für die Zeit vor dem Erwerbe die Steuerpflicht auf den Anteil beschränkt, der dem Erwerber als gesetzliches Erbteil ohnehin angefallen sein würde.

Ist von dem Anteil des Erwerbers für die Zeit vor dem 1. Januar 1911 eine Zuwachssteuer bereits entrichtet, so wird diese Steuer auf die nach diesem Gesetze zu entrichtende Abgabe angerechnet.

§ 66.

Der Bundesrat erläßt die zur Ausführung dieses Gesetzes erforderlichen Bestimmungen und ist berechtigt, die nach diesem Gesetze fällige Abgabe auch über den Anteil des Reichs hinaus aus Billigkeitsgründen zu erlassen.

Er ist auch ermächtigt:

1. Rechtsvorgänge für steuerpflichtig zu erklären, die es — ohne unter §§ 1, 5 zu fallen — einem anderen ermöglichen, über das Grundstück wie der Eigentümer zu verfügen;
2. für solche Fälle über die Berechnung des Wertzuwachses Bestimmungen zu treffen, die von den §§ 8 bis 27 abweichen.

Die vom Bundesrate gemäß Abs. 2 getroffenen Anordnungen sind dem Reichstag, wenn er versammelt ist, sofort, andernfalls bei seinem nächsten Zusammentreten vorzulegen. Sie sind mit Wirkung von ihrem Inkrafttreten ab außer Kraft zu setzen, soweit der Reichstag dies verlangt.

§ 67.

Abs. 3 des § 85 des Reichsstempelgesetzes erhält folgende Fassung:

Die Entgegennahme der Auflassung oder, wenn diese nicht vor dem Grundbuchrichter erfolgt, die Eintragung des neuen Eigentümers im Grundbuch kann nach dem Ermessen des Gerichts von einer vorgängigen Sicherheitsleistung für den Abgabenbetrag abhängig gemacht werden. Ueber Erinnerungen gegen die Anordnung der Sicherheitsleistung wird im Aufsichtsweg entschieden.

§ 68.

Der § 89 des Reichsstempelgesetzes vom 15. Juli 1909 (Reichs-Gesetzbl. S. 833) erhält mit Wirkung vom 1. Oktober 1909 ab folgende Fassung:

Von Grundstücken, die auf Grund von Vorschriften gebunden sind, die nach den Artikeln 57, 58, 59 des Einführungsgesetzes zum Bürgerlichen Gesetzbuch von den Vorschriften des Bürgerlichen Gesetzbuchs unberührt bleiben, ist an Stelle der Abgabe nach Tarifnummer 11 eine jährliche Abgabe von $^1/_{90}$ vom Hundert des Wertes zu entrichten.

Die Ermittelung des Wertes findet nach den Bestimmungen des § 16 des Erbschaftssteuergesetzes vom 3. Juni 1906 (Reichs-Gesetzbl. S. 620) in dreißigjährigen Zeitabschnitten statt.

Der erste dreißigjährige Abschnitt beginnt mit dem Zeitpunkt, in welchem das Grundstück der Bindung unterworfen wird, und sofern dieser vor dem Inkrafttreten dieses Gesetzes liegt, mit dem 1. Oktober 1909.

Für die Zeit vom 1. Oktober 1909 bis zum 30. Juni 1914 wird zu der im Abs. 1 vorgesehenen Abgabe ein Zuschlag von $^1/_{90}$ vom Hundert des ermittelten Wertes jährlich erhoben.

Die Abgabe ruht auf dem Grundstück und gilt als öffentliche Last im Sinne des § 10 Ziffer 3 des Gesetzes über die Zwangsversteigerung und Zwangsverwaltung.

Grundstücke, zu deren rechtsgültiger Veräußerung weder eine landesherrliche oder sonstige Genehmigung noch die Zustimmung von Familienmitgliedern oder Dritten erforderlich ist und deren Veräußerungserlös nach den gesetzlichen oder hausverfassungsmäßigen oder stiftungsmäßigen Bestimmungen der freien Verwendung des Veräußerers unterliegt, gelten nicht als gebunden im Sinne der Vorschriften dieses Paragraphen.

Von der Abgabe befreit sind der Landesfürst und die Landesfürstin.

§ 69.

An die Stelle des § 90 des Reichsstempelgesetzes treten folgende Vorschriften:

Bei Veräußerungen, die in die Zeit bis zum 30. Juni 1914 fallen, wird zu der in Tarifnummer 11 vorgesehenen Abgabe von $1/3$ vom Hundert des Kaufpreises ein Zuschlag von einhundert vom Hundert erhoben.

Nach dem 30. Juni 1914 wird der Steuersatz in Tarifnummer 11 von drei zu drei Jahren durch den Bundesrat einer Nachprüfung unterzogen. Uebersteigt innerhalb des dreijährigen Zeitraums der durchschnittliche Jahresanteil des Reichs am Ertrage der Zuwachssteuer den Betrag von fünfundzwanzig Millionen Mark, so ist der Steuersatz in Tarifnummer 11 mit Wirkung vom Beginne des der Feststellung folgenden Rechnungsjahrs für die folgenden drei Jahre nach näherer Bestimmung des Bundesrats entsprechend herabzusetzen.

Die Vorschriften des Abs. 2 finden auf die Abgabe nach § 89 Anwendung. Insoweit die Abgabe für eine Zeit bezahlt ist, für welche die Herabsetzung eintritt, ist vom Reiche entsprechender Rückersatz zu leisten.

§ 70.

Die Befreiungsvorschrift am Schlusse der Tarifnummer 11 des Reichsstempelgesetzes wird dahin abgeändert:

Befreit sind auf Antrag:

1. Grundstücksübertragungen der in a und d dieser Tarifnummer bezeichneten Art, wenn der stem-

pelpflichtige Betrag bei bebauten Grundstücken 20 000 Mark, bei unbebauten Grundstücken 5000 Mark nicht überschreitet. Erwirbt dieselbe Person von demselben Veräußerer durch verschiedene Rechtsvorgänge mehrere Grundstücke oder Grundstücksteile, so sind die Uebertragungen steuerpflichtig, wenn der Wert zusammen die angegebenen Beträge übersteigt, und die Umstände ergeben, daß der Erwerb zum Zwecke der Ersparung der Steuer in mehrere Rechtsvorgänge zerlegt worden ist. Was im Sinne dieser Vorschrift als bebautes und unbebautes Grundstück anzusehen ist, bestimmt sich nach dem § 1 des Zuwachssteuergesetzes.

Die Steuerfreiheit tritt nur ein, wenn weder der Erwerber und sein Ehegatte im letzten Jahre ein Einkommen von mehr als 2000 Mark gehabt haben, noch einer von ihnen den Grundstückshandel gewerbsmäßig betreibt. Wird festgestellt, daß der Erwerb für Rechnung eines Dritten erfolgt, so ist die Steuerfreiheit nur zu gewähren, wenn die Voraussetzungen für die Befreiung auch in der Person des Dritten vorliegen.

Beurkundungen von Uebertragungen der Rechte eines befreiten Erwerbers werden in betreff der Stempelpflichtigkeit auch dann wie Beurkundungen von Veräußerungen behandelt (a Abs. 2 Satz 1 dieser Tarifnummer), wenn der erste Erwerber das Veräußerungsgeschäft erweislich auf Grund eines Vollmachtsauftrags oder einer Geschäftsführung ohne Auftrag für einen Dritten abgeschlossen hat und die Uebertragung der Rechte dieses ersten Erwerbers an den Dritten erfolgt.

2. Eigentumsveränderungen, denen sich die Beteiligten aus Gründen des öffentlichen Wohles zu unterwerfen gesetzlich verpflichtet sind.

§ 71.

Die Anmerkung zu Tarifnummer 11 des Reichsstempelgesetzes erhält in Abs. 1 folgende Fassung:

Stempelabgaben unter fünfzig Pfennig werden nicht erhoben. Höhere Beträge, welche nicht ohne Bruch durch zehn teilbar sind, werden auf den nächst höheren durch zehn teilbaren Betrag abgerundet; Stempelbeträge über fünf Mark, welche nicht ohne Bruch durch fünfzig teilbar sind, werden auf den nächst höheren durch fünfzig teilbaren Betrag abgerundet.

§ 72.

Dieses Gesetz tritt mit dem 1. April 1911 in Kraft.

Die Vorschriften der Landesgesetze und die Satzungen der Gemeinden und Gemeindeverbände, welche die Besteuerung des Zuwachses bei der Veräußerung von Grundstücken betreffen, treten mit Wirkung vom 1. Januar 1911 außer Kraft, soweit sie nicht gemäß § 60 aufrecht erhalten werden. Die vor dem 1. Januar 1911 eingetretenen Rechtsvorgänge und die im § 63 bezeichneten Fälle des Eigentumsüberganges unterliegen auch dann nach diesen Gesetzen und Satzungen der Zuwachssteuer, wenn das Verfahren zur Feststellung der Steuer erst nach dem Inkrafttreten dieses Gesetzes zum Abschluß kommt.

Urkundlich unter Unserer Höchsteigenhändigen Unterschrift und beigedrucktem Kaiserlichen Insiegel.

Gegeben Berlin im Schloß, den 14. Februar 1911.

(L. S.) **Wilhelm.**

von Bethmann Hollweg.

Sachregister.

(Die Zahlen verweisen auf die Paragraphen.)

A.

Abgabe vom Wertzuwachs 1; Sicherstellung für die — 67.
Abkömmlinge, Erwerb der — von Eltern usw. steuerfrei 7; mehrere — 65.
Ablösung von Rechten an Forsten nicht steuerpflichtig 7.
Absicht der Hinterziehung 50, 51; — der Umgehung 6, 7; — der Ersparung 13, 14, 64, 66, 70.
Abtretung der Rechte aus dem Meistgebot steuerpflichtig 5, 9; — der Rechte aus Veräußerungsgeschäften 27.
Abwälzung der Steuer auf Erwerber 24.
Abzüge, gestattete, vom Veräußerungspreise 10, 22; — vom Verlust bei Teilveräußerungen 20; — wegen zu geringen Jahresertrages 22.
Aktiengesellschaft, Straffestsetzungen gegen — 53; bei — nicht Erwerbspreis maßgebend 64.
Aenderungen des Reichsstempelgesetzes 67—71.
Anfechtung des Rechtsgeschäfts 34.
Angaben, unrichtige, 13, 40; — Strafvorschrift 50.
Angemessene Frist zur Gegenerklärung gegen Beanstandungen 40.
Anlegung des Grundbuchs 4.
Anmeldefrist, Beginn der — 62.
Anmeldepflicht für jeden steuerpflichtigen Rechtsvorgang 37; Strafvorschrift 50.
Anordnung von Behörden zur Flurbereinigung usw. bewirken Steuerfreiheit 7.
Anrechnung ausgefallener Hypotheken 14; — besonderer Anlagen und Aufwendungen 14; — der Besitzzeit 16;

— von Ausgleichszahlungen bei Flurbereinigungen 19; — von Wertminderungen bei Festungsrayons 18; — von Verlusten bei Teilveräußerungen 20; — bei Veräußerungen 10, 22; — zu geringer Verzinsung des Erwerbspreises 22; — von Entschädigungen auf den Veräußerungspreis 23; — bei bereits gezahlter Steuer 62.

Anspruch auf Zuwachssteuer verjährt 57.

Anteil der Gemeinden, des Reichs, der Bundesstaaten am Steuerertrage 58, 59, 69; — des Mitberechtigten bei Erwerb gemeinschaftlichen Grundstücks außer Ansatz 25.

Antrag auf Festsetzung der Steuer zulässig 33; — der Gemeinden auf Zuweisung 60.

Arbeiteransiedlung, Vereinigungen zur — steuerfrei 30.

Aszendenten, Erwerb von — steuerfrei 7.

Aufhebung des steuerpflichtigen Rechtsgeschäfts 34; — bisheriger Zuwachssteuerordnungen 72.

Auflassung, falls nicht erforderlich 4; — befreit von Anmeldepflicht 37; — von Sicherheitsleistung abhängig 67.

Aufschiebende, keine — Wirkung der Beschwerde 45.

Aufsicht über Verwaltung der Steuer 36.

Aufsichtsweg entscheidet über Anordnungen der Sicherheitsleistung 67.

Aufwendungen, anrechnungsfähige 14; — bei Teilveräußerungen 21.

Auseinandersetzung unter Erben 7, 65.

Ausfall der Hypotheken in der Versteigerung anrechnungsfähig 14.

Ausführungsbestimmungen, Zuwiderhandlungen gegen — 51; — vom Bundesrat zu erlassen 66.

Ausgleichszahlungen b. Flurbereinigungen 19.

Auskunftspflicht der Beteiligten 42.

Ausrichtungsarbeiten, bergmännische, anrechnungsfähig 14.

Ausschließliche Zuständigkeit der Landgerichte in Klagen 46.

Austausch zur Flurbereinigung steuerfrei 7; — bei angrenzenden Bergwerken 7.

B.

Bauflächen, bessere Gestaltung der — durch Umlegung steuerfrei 7.
Baugewerbetreibender 14.
Bauhandwerker 14.
Baulichkeiten zu vorübergehenden Zwecken 1.
Bauten, anrechnungsfähig 14.
Bauunternehmer 14.
Beamte für Beaufsichtigung der Verwaltung 36.
Beanstandung der Steuererklärung 40.
Beantragung der Festsetzung der Steuer 33.
Bebaute Grundstücke, Minimalpreis 1.
Bedenken der Steuerbehörde gegen Steuererklärung 40.
Befreiung von der Steuer wegen geringen Objekts 1; — aus persönlichen Gründen 7, 30; — unter 20 M. Betrag 28; — des Erwerbers von der Haftung für die Steuer 29; — von der Stempelsteuer 70.
Befugnis der Steuerbehörde zu Ermittelungen 40.
Beginn der Anmeldefrist 62.
Begrenzung des maßgebenden Zeitraums 17; — der Steuer und der Zuschläge 59.
Behörde, Anordnungen einer — zur Flurbereinigung usw. bewirken Steuerfreiheit 7; — für die Verwaltung bestimmt Landesregierung 35; mitteilungspflichtige — 38; zuständige — im Strafverfahren 54.
Beiträge zu Straßenbauten usw. anrechnungsfähig 14.
Beitreibung, nicht — d. Geldstrafe 55.
Berechnung des Zuwachses 8—27; — des Veräußerungswertes 8—13; — des Erwerbspreises 14—21; — zu geringer Verzinsung 22; — bei Ueberwälzung 24; — bei Tausch 26; — der Steuer bei mehreren Erwerbsgeschäften 27; ziffernmäßige — 28; — des Erwerbspreises nicht maßgebend bei Steuerersparungsabsicht 64; — bei Auseinandersetzungen 65.
Berechtigungen, grundstücksähnliche 2.
Bergmännische Versuchs- und Ausrichtungsarbeiten anrechnungsfähig 14.
Bergwerke, Austausch von Feldesteilen bei angrenzenden — steuerfrei 7.
Bergwerksanteile, unbewegliche, keine Grundstücke 2.

Berichtigung unrichtiger Angaben macht straffrei 50.
Bescheid 43; vorläufiger — 47.
Beschränkte Haftung des Erwerbers für die Steuer 29.
Beschwerde, als Rechtsmittel gegen Steuerbescheid 44; Frist zur Einlegung der — 45; — weitere 45.
Beschwerdebescheid, Inhalt 45.
Beschwerdeverfahren regelt Bundesrat 45.
Bestandteile, wesentliche, Maschinen als — abzugsfähig 10.
Besteuerungsrecht der Gemeinden 58—60.
Bestrafung wegen Zuwiderhandlung 50—55; — unabhängig von der Einziehung 52.
Beteiligte auskunftspflichtig 42.
Beurkundung steuerpflichtiger Rechtsvorgänge macht mitteilungspflichtig 38.
Bevollmächtigter, Haftung d. — bei Erhalt eines Teils des Preises 32; Straffestsetzung gegen — 53.
Bewilligung der Stundung 46, 48.
Bewirtschaftung, laufende, nicht anrechnungsfähig 14.
Bietung für einen anderen in der Zwangsversteigerung 5, 9.
Billigkeitsgründe, Berücksichtigung der — 48, 66.
Bisherige Zuwachssteuerordnungen 72.
Bücher, öffentliche, Umschreibung in öffentl. Büchern an Stelle der Grundbucheintragung 4.
Bundesrat entscheidet bei Vereinigungen zu sozialen Zwecken über Steuerfreiheit 30; über Erlaß der Abgabe bei nichtigen Rechtsgeschäften 34; — bestimmt die mitteilungspflichtigen Behörden 38; — regelt Beschwerdeverfahren 45; — bestimmt über Stundung wegen erheblicher Härten 48; — setzt Durchschnittsertrag der Gemeinden fest 60; — erläßt Ausführungsbestimmungen 66; — prüft Steuerertrag 69.
Bundesstaaten steuerfrei 30; — Zuständigkeit für Erhebung und Verwaltung 35; — ohne Zolldirektivbehörden 36; Anteil der — am Steuerertrage 58; — haben Rechte der Gemeinden 60, 61.

D.

Dauer des Besitzes, Anrechnung 16.
Dauernde Verbesserungen, anrechnungsfähig 14.
Deutscher steuerpflichtig, keine Grundstücksversteigerung 49, 55.
Durchschnittsertrag der früheren Gemeindewertzuwachssteuer 60; — des Reichs 69.

E.

Ehegatte 1; — überlebender, gilt als Miterbe 7.
Eigentum, Uebergang des — steuerpflichtig 1.
Eigentümer, Wertzuwachs ohne Zutun des — 1; früherer — als Steuerpflichtiger 29; — kann Vorbescheid verlangen 47; — muß zur Zwangsversteigerung zustimmen 49.
Eigentumsübergang bleibt steuerfrei wegen geringen Wertes 1.
Eigentumsübertragung nicht erforderlich bei Ueberlass. zu öffentlichen Zwecken 20.
Einbringung in eine aus Eltern und Kindern, Erben usw. gebildete Gesellschaft usw. steuerfrei 7.
Einkommen, geringes des Veräußerers 1.
Einreichung der Steuererklärung auf Verlangen 39; — einer Urkunde aus früherer Zeit 63.
Einsicht in Verhandlungen steht Steuerbehörden frei 41.
Eintragung der Rechtsänderung ins Grundbuch begründet Steuerpflicht 4; — nicht erforderliche ebenso 4; — befreit von Anmeldepflicht 37; — im Grundbuch, an Steuerbehörden mitzuteilen 38; — von Sicherheitsleistung abhängig 67.
Eintritt der Steuerpflicht 62.
Einzelpreise mehrerer Gegenstände sind zu trennen 13.
Einziehung der Steuer nicht durch Zwangsvollstreckung 49; — unabhängig von Strafe 52.
Eltern, Erwerb von Eltern usw. 7, 65.
Entrichtung, zur — verpflichtete Personen 29—33; Frist zur — 43.
Entschädigungen für Wertminderungen beim Veräußerungspreis 23.
Erbauseinandersetzung 7, 65.

Erbschaft eines Grundstücks nicht steuerpflichtig 7.
Erbschaftssteuergesetz, Erbschaft u. Schenkung im Sinne des — 7; — für Berechnung wiederkehrender Leistungen maßgebend 12.
Erfordern der Steuerbehörde zur Einreichung der Steuererklärung 39.
Erfüllungsstatt, Verträge üb. Leistung an — als Teil des Veräußerungswertes 8.
Erhebung der Steuer, zuständig Bundesstaaten 35; — von Zuschlägen zur Steuer 59.
Erinnerungen gegen Anordnungen der Sicherheitsleistung 67.
Erlaß der Steuer bei Nichtigkeit oder Rückübertragung 34; — aus Billigkeitsgründen 66.
Ermächtigung zur Grundstücksveräußerung steuerpflichtig 5.
Ermäßigung der Steuer auf Grund mehrjährigen Besitzes 28; — bei Rückübertragung 34.
Ermittelungen der Steuerbehörde 40.
Erstattung zuviel gezahlter Steuern bei Verlusten durch Teilveräußerung 20; — bei Nichtigkeit usw. 34; — bereits früher gezahlter Zuwachssteuer 62.
Ersteher, die vom — übernommenen Leistungen und Meistgebot maßgebend 9; — keine Haftung für Steuer 29.
Ertrag der Steuer wird verteilt 58.
Ertragswert bei Verbesserungen an Oedländereien anrechnungsfähig 15.
Erwerb von Todes wegen als Steuerbefreiung 7; — bei Nachlaßteilung oder Auseinandersetzung 7; — von Eltern usw. 7; — unter Uebernahme der Steuer 24; — des Mitberechtigten eines gemeinschaftlichen Grundstücks 25; — auf Grund mehrerer Rechtsgeschäfte 27.
Erwerber, Haftung des — für Steuer 29; — Pflicht zur Anmeldung 37; — Pflicht zur Auskunfterteilung 42; Anteil des — bei der Auseinandersetzung einer Erbschaft 65.
Erwerbspreis, Berechnung d. — 14; Hinzurechnungen zum — 16, 17; — bei langjährigem Besitz 17; — bei Wertminderung durch Fest-

ungsrayon 18; — bei Flurbereinigungen 19; — bei unentgeltlicher Ueberlassung zu öffentl. Zwecken 20; — bei Erwerb auf Grund mehrerer Veräußerungsgeschäfte 27; — bei Gesellschaften nicht maßgebend 64.

Erzeugnisse des Grundstücks abzugsfähig 10.

F.

Familiengüter, Familienfideikommisse 68.

Feldesteile, Austausch von — bei angrenzenden Bergwerken 7.

Festungsrayon, Grundstücke in — 18.

Fideikommisse 68.

Flurbereinigung, Austausch zur — steuerfrei 7; Erwerbspreis bei — 19.

Form, öffentlich beglaubigte, einer Urkunde aus früherer Zeit bedingt Steuerfreiheit 63.

Forstwirtschaftliche Verbesserungen anrechnungsfähig 14.

Fortdauer bisheriger Gemeindezuwachssteuern 60.

Freibleiben von der Steuer wegen geringen Betrages 1; — aus persönlichen Gründen 7, 30; — bei früherer Urkunde 63; — des Landesfürsten bei Fideikommissen 68; — von Reichsstempelsteuer 70.

Freiheitsstrafe, keine — statt Geldstrafe 55.

Freiwillige Berichtigung unrichtiger Angaben 50.

Frist für Eigentumsübergang seit dem Veräußerungsgeschäft 5; — zur Trennung des Gesamtpreises in Einzelpreise 13; — vor Versteigerung für Eintragung einer anrechenbaren ausgefallenen Hypothek 14; — zum Antrage auf Festsetzung der Steuer 33; — zur Rückübertragung für Anspruch auf Erlaß 34; — zur Anmeldung des steuerpflichtigen Rechtsvorganges 37; — zur Einreichung der Steuererklärung 39; — zur Gegenerklärung gegen Beanstandungen 40; — zur Entrichtung der Steuer 43; — zur Einlegung der Beschwerde 45; — des Verfahrens und der Klage regelt Landesrecht 46; — für Klage 46; — der Verjährung 57; — zur Anmeldung beginnt 62.

Fristversäumung ohne Verschulden 45.

Fruchtlose Zwangsvollstreckung gegen Veräußerer begründet Haftung des Erwerbers für die Steuer 29; — — wegen Geldstrafe keine Umwandlung in Freiheitsstrafe 55.

Früherer Eigentümer haftet für Steuer 29; frühere Steuer auf Grund aufgehobener Zuwachssteuer wird erstattet 62.

G.

Gartenhäuser gelten nicht als Bebauung 1.

Gebrauchsabnahme als maßgebender Zeitpunkt 16.

Gebühr für vorläufigen Bescheid 47; — im Steuerverfahren 56.

Gegenerklärungen gegen Beanstandungen 40.

Gegenleistungen, Gesamtbetrag der — als Veräußerungswert 8; höchst möglicher Betrag der — maßgebend 8.

Gegenstand des Unternehmens von Vereinigungen entscheidend für Steuerpflicht 3.

Geldstrafe 50 ff.; — fällt Bundesstaat zu 54.

Gemeinde, steuerfrei 30; — können Landesfürsten versteuern 31; Anteil der — an der Steuer 58; — Zuschlagserhebungsrecht 59; bisheriger Durchschnittsertrag der — 60, 69; bisherige Zuwachssteuerordnungen der — 72.

Gemeindebeamte, mitteilungspflichtig 38.

Gemeindeverfassung, Bundesstaaten ohne — 61.

Gemeiner Wert bei Wertermittelung maßgebend 12.

Gemeinnützig, Ueberlassung für — Zwecke 20.

Gemeinschaftliches Grundstück, Ueberlassung an Mitberechtigten 25.

Genossenschaft, Vermögensübergang einer — steht Grundstücksübertragung gleich 3; — aus Bauhandwerkern 14; Straffestsetzung gegen — 53.

Genossenschaftsregister, Eintragung ins — über steuerpflichtige Rechtsvorgänge mitteilungspflichtig 38.

Geringer Steuerbetrag, unter 20 M., außer Ansatz 28.

Gesamtbetrag der Gegenleistung als Veräußerungs-

wert 8; — mehrerer Gegenstände zu trennen 13.
Gesamtgrundstück, Wert des — bei Teilveräußerungen 1.
Gesamtgut, Teilung des — bei Gütergemeinschaft steuerfrei 7.
Gesamtschuldner, Haftung als — für Steuer 29, 32; — bei Strafe 53.
Geschäftsführer, Straffestsetzung gegen — 53.
Gesellschaft m. b. H., Uebergang des Vermögens einer — steht Grundstücksübertragung gleich 3; — aus Bauhandwerkern 14; Straffestsetzungen gegen — 53, 64.
Gesellschafter, Ueberlassung gemeinschaftlichen Grundstücks an — 25.
Gesetzlicher Vertreter, anmeldepflichtig 37.
Gewerbsmäßiger Grundstückshandel 1; — Bauunternehmer 14.
Gewerkschaft, Uebergang des Vermögens einer — steht Grundstücksübertragung gleich 3.
Grenzregelung nicht steuerpflichtig 7; Erwerbspreis bei — 19.
Großeltern, Erwerb von — steuerfrei 7.
Grundbuch, Eintragung ins — begründet Steuerpflicht 4; Eintragung im — mitteilungspflichtig 38.
Grundbuchamt, mitteilungspflichtig 38.
Grundentschuldung, Vereinigungen zur — steuerfrei 30.
Grundschulden, ausgefallene, anrechnungsfähig 14.
Grundstückshandel, gewerbsmäßiger 1.
Gütergemeinschaft, eheliche, Erwerb eines Grundstücks durch eheliche — nicht steuerpflichtig 7.

H.

Haftung für die Steuer 29; — mehrerer Veräußerer bei mehreren Rechtsgeschäften 32; — des Vermittlers und Bevollmächtigten 32.
Handelsgesellschaft, offene, Vermögensübertragung der 3; Straffestsetzungen bei off. — 53.
Handelsregister, Eintragungen über steuerpflichtige Rechtsvorgänge 38.
Härten, erhebliche, bei Einziehung der Steuer 48.
Hauptzollämter, zuständig im Strafverfahren 54.

Hausverfassung bei Fideikommissen 68.
Heideland, Verbesserungen an —, anrechnungsfähig 15.
Herabsetzung der Stempelsteuer 69.
Hilfeleistungspflicht der Behörden, Notare bei Ermittelungen der Steuerbehörde 41.
Hinterziehung, Strafe bei — 50; bei nicht beabsichtigter — 6, 7, 13, 14, 51, 64, 66.
Hinzurechnungen zum Erwerbspreise 16, 17, 18; — zum Veräußerungspreise 23; — des auf den Erwerber überwälzten Betrages der Steuer 24.
Höchstbetrag der Steuer und der Zuschläge 59.
Hypotheken, ausgefallene, anrechnungsfähig 14.

J.

Jahresertrag, zu geringer — abzugsfähig 22.
Jährlicher Durchschnittsertrag der Gemeinden 60.
Inhalt der Steuererklärung 39; — der steuerpflichtigen Tatsachen 42; — des Steuerbescheides 43.
Inkrafttreten des Gesetzes als Beginn der Steuerpflicht 62, 72.
Inländische Grundstücke steuerpflichtig 1.
Instanz, letzte in Klagesachen, Reichsgericht 46.

K.

Kanalisierung, Beiträge zur — anrechnungsfähig 14.
Klage zulässig 44; Frist der — 46; Zuständigkeit der Landgerichte für — 46.
Kolonisation, Vereinigungen zur inneren — steuerfrei 30.
Kommanditgesellschaft, Vermögensübertragung steht Grundstücksübertragung gleich 3; — Straffestsetzungen 53; bei — nicht Erwerbspreis maßgebend 64.
Kosten des Erwerbes anrechnungsfähig 14; — der Veräußerung 22; — des Ermittelungsverfahrens 40; — des Vorbescheides 47; — im Verwaltungsverfahren 56.

L.

Lagerstätten gelten nicht als Bebauung 1.
Landesfürst, Landesfürstin 30, 68.

Landesgesetzgebung kann Landesfürsten besteuern 31; — kann Beschwerde ausschließen 44; — kann Verwaltungsverfahren regeln 44; — regelt Fristen des Verfahrens u. der Klage 46; — bestimmt über Verteilung der Steuer 58; — bisherige über Zuwachssteuer 72.

Landesregierungen bestimmen die Verwaltungs- und Erhebungsstellen d. Steuer 35; — bestimmen die mitteilungspflichtigen Beamten 38; — bestimmen über Ermittelungsverfahren 40; — bestimmen über Zuständigkeit im Strafverfahren 54.

Landgerichte, ausschließlich f. Klagen zuständig 46.

Landwirtschaftliche Verbesserungen anrechnungsfähig 14.

Lasten, Wert der übernommenen — abzugsfähig 10; öffentl. — der Wertzuwachsabgabe bei Fideikommissen 68.

Leistung an Erfüllungsstatt, Verträge über — als Teil des Veräußerungswertes 8; Wert wiederkehrender — 12.

M.

Maschinen, Wert der — abzugsfähig 10.

Mehrere Rechtsgeschäfte als Grundlage des Erwerbs 27; — Steuerpflichtige als Gesamtschuldner 29; — aufeinanderfolgende Rechtsgeschäfte bedingen Gesamthaftung für Steuer 32; — Veräußerer oder Erwerber Pflicht zur Anmeldung 37; — Personen strafbar 53; — Abkömmlinge 65.

Meistgebot, Abtretung der Rechte des — steuerpflichtig 5; Betrag des — maßgebend 9.

Meldung, Pflicht zur — des steuerpflichtigen Rechtsvorganges 37.

Minderbemittelte Klassen, Wohnungsbeschaffung für die — — bedingt Steuerfreiheit 30.

Mitberechtigter, Ueberlassung gemeinschaftlichen Grundstücks an — 25.

Miterben, Verträge zwischen — nicht steuerpflichtig 7.

Mitteilungspflichtige Behörden über steuerpflichtige Rechtsvorgänge 38; — nicht mit der Strafvoll-

streckung befaßte Steuerbehörden 54.
Moorland, Verbesserungen v. —, besondere Anrechnung 15.

N.

Nachlaß, Teilung des — unter Miterben nicht steuerpflichtig 7; Einbringung des — in eine von Miterben gebildete Gesellschaft 7.
Nachprüfung des Steuerertrages durch den Bundesrat 69.
Nachträgliche Erklärung zugunsten eines Dritten steuerpflichtig 5; — Aufnahme eines Dritten in eine aus Verwandten gebildete Gesellschaft usw. bedingt Steuerpflicht 7.
Nebenleistungen, als Teil des Entgelts 11.
Nichtbeitreibung der Geldstrafe keine Umwandlung in Freiheitsstrafe 55.
Nichterfüllung des Geschäfts bedingt Steuererlaß 34; — der Anmelde- oder Erklärungspflicht 50.
Nichterhebung der Steuer wegen geringen Objekts 1; — aus persönlichen Gründen 7; — wegen Betrages unter 20 M. 28; — 63, 66.
Nichtigkeit des steuerpflichtigen Rechtsgeschäfts 34.
Nichtvorhandensein einer Gemeindeverfassung in Bundesstaaten 61.
Nießbrauchsrecht als Teil des Entgelts 11.
Notare, mitteilungspflichtig über steuerpflichtige Rechtsvorgänge 38.
Nutzungen, vorbehaltene, als Gegenleistung 8.

O.

Oedland, Verbesserungen an — anrechnungsfähig 15.
Offene Handelsgesellschaft, Vermögensübertragung 3; Straffestsetzungen 53.
Oeffentliche Einrichtungen, Beiträge zu — — anrechnungsfähig 14; Ueberlassung zu — Zwecken 20; — Urkunden aus früherer Zeit bewirken Steuerfreiheit 63; — Last der Zuwachssteuer bei Familienfideikommissen 68.
Ordnungsstrafe 51.
Oertlich zusammenhängender Grundbesitz 20.
Ortsübliche Vermittelungsgebühr 14.

P.

Personen, zur Entrichtung verpflichtete 29—32; — zur Mitteilung steuerpflichtiger Rechtsvorgänge verpflichtete — 38; auskunftspflichtige — 42.
Pflicht zur Anmeldung 37; — zur Einreichung der Steuererklärung 39; — zur Auskunfterteilung 42; Strafvorschrift 50; Beginn der — zur Anmeldung 62.
Preis, erhebliche Verzinsung des gestundeten — als Teil des Entgelts 11.
Preisminderung, nachträgliche, bedingt Steuerermäßigung 34.

R.

Ratenzahlungen der Steuer gestattet 48.
Rayonbeschränkung 18.
Rayongesetz 18.
Rayonentschädigung 18.
Rechtsgeschäfte, der Eigentumsübertragung gleichstehende 5; mehrere — 27, 29, 32.
Rechtsmittel gegen Steuerbescheid 44—46; — sind im Steuerbescheid anzugeben 43; — gegen Vorbescheid 47.
Rechtsvorgang zur Verdekkung der Steuerpflicht ohne Eigentumsübertragung steuerpflichtig 6; jeder steuerpflichtige — anmeldepflichtig 37; Mitteilungspflicht über steuerpflichtige — 38; Auskunftspflicht der Beteiligten 42; Rückwirkung auf frühere — 62.
Rechtsweg als Rechtsmittel gegen Steuerbescheid 44.
Registergericht u. Registerbehörden sind mitteilungspflichtig 38.
Reich, Deutsches, steuerfrei, 30; Anteil des — an der Steuer 58.
Reichsbeamte, mitteilungspflichtig über steuerpflichtige Rechtsvorgänge 38.
Reichsbevollmächtigte, Aufsicht über die Verwaltung der Steuer 36.
Reichsgericht, letzte Instanz in Steuerklagen 46.
Reichskanzler bestimmt Tätigkeit der Reichsbevollmächtigten in Staaten ohne Zolldirektivbehörden 36; — bestimmt mitteilungspflichtige Behörden 38; — bestimmt Art der Zuweisung an die Gemeinden 60.

Reichsstempelgesetz, Aenderungen des — 67—71.

Reichstag, Zustimmungsrecht des — bei Verordnungen des Bundesrats 66.

Rückgängigmachung des Rechtsgeschäfts 34.

Rückübertragung des Grundstücks 34.

Rückwirkung des Gesetzes 62.

Rückzahlung der Steuer wegen Nichtigkeit usw. des Geschäfts 34.

S.

Schätzung des Entgelts bei Nebenleistungen 11; — bei unrichtigen Angaben der Einzelpreise 13.

Schenkung eines Grundstückes befreit von der Steuer 7; — einer ausgefallenen Hypothek 14.

Schuppen gelten nicht als Bebauung 1.

Selbständige Ermittelungen d. Steuerbehörde 40.

Selbstbesteuerungsrecht der Gemeinden 59.

Sicherheitsleistung bei Stundung der Steuer 48; — bei Verjährung der Steuer 57; — bei der Auflassung 67.

Sicherstellung entsprechenden Steuerbetrages befreit Erwerber von der Haftung 29.

Sozialer Zweck bei Vereinigungen bedingt Steuerfreiheit 30.

Staatsbeamte, mitteilungspflichtige über steuerpflichtige Rechtsvorgänge 38.

Staatskasse des Bundesstaats erhält Steuerstrafen 54.

Stellen zur Erhebung der Steuer bestimmt Landesregierung 35.

Stempel in Zuwachssteuerangelegenheiten 56.

Stempelbehörde, mitteilungspflichtig 38; — entscheidet über Stundung 46; — Strafvorschrift 50.

Stempelgesetz, Abänderungen des — 67—71.

Steuer, Reichsbevollmächtigte für — üben Aufsicht 36; Hinterziehung der — 50, 51; — unabhängig von Strafe 52.

Steuerbehörde, zuständig im Strafverfahren 54.

Steuerberechnung bei mehreren Erwerbsgeschäften 27; ziffernmäßige — 28.

Steuerbescheid 43; Rechtsmittel gegen — 44.

Steuerbeträge unter 20 M. außer Ansatz 28.

Steuererklärung, Inhalt und Frist zur Einreichung 39.
Steuerermäßigung auf Grund mehrjährigen Besitzes 28.
Steuerfreie und steuerpflichtige Gegenstände sind zu trennen 13.
Steuerfreiheit wegen geringen Objekts 1; — aus persönlichen Gründen 7, 30; — bei früherer Urkunde 63.
Steuerpflicht bei Grundbucheintragung 4; — bei nicht erforderlicher Eintragung 4; — bei Veräußerungsgeschäft 5; — bei eigentumsähnlichen Rechtsgeschäften 5; — bei Rechtsgeschäften zur Verdeckung der Eigentumsübertragung 6; — Anmeldepflicht 37; Beginn der — 62; — bei Erbauseinandersetzungen 65; — kann vom Bundesrat eingeschränkt oder erweitert werden 66.
Steuersatz 28.
Steuertarif 28.
Strafanzeige, Berichtigung vor — 50.
Strafen, Geldstrafen fallen an Bundesstaat 54.
Strafverfahren 54.
Strafverfolgung 54.
Strafvollstreckung 54.
Strafvorschriften 50—55.
Straßenbauten, Aufwendungen für —, anrechnungsfähig 14.
Stundung durch Steuerbehörde 46; — wegen erheblicher Härten 48.
Sumpfländereien, Verbesserungen an —, besonders anrechnungsfähig 15.

T.

Tarif der Steuer 28.
Tausch, Berechnung der Steuer bei — 26.
Tauschgegenstand, Wert jedes — maßgebend 26.
Teilbeträge, Zahlung in — gestattet 48.
Teilung des Nachlasses unter Miterben oder bei Gütergemeinschaft unter deren Teilnehmern nicht steuerpflichtig 7.
Teilveräußerung, zu berechnen nach dem Wert des Gesamtgrundstücks 1; Erwerbspreisberechnung bei — nach dem Wert des Gesamtgrundstücks 20; Anrechnung des Verlustes bei — 20; Anrechnung von Aufwendungen bei — 21.
Todeswegen, Erwerb von — nicht steuerpflichtig 7.

Trennung der Preise bei steuerpflichtigen und steuerfreien Gegenständen 13.

U.

Uebergang des Eigentums steuerpflichtig 1; — bei früherer Urkunde 63.

Ueberlassung, dauernde unentgeltliche zu Verkehrszwecken 20; — gemeinschaftlichen Grundstücks an Miteigentümer 25.

Uebernahme der Steuer durch den Erwerber 24.

Uebertragung der Rechte aus Veräußerungsgeschäften usw. steuerpflichtig 5; Kosten der — abzugsfähig 23.

Ueberwälzung der Steuer auf Erwerber 24.

Umbauten anrechnungsfähig 14.

Umfang der Gegenleistung, höchst möglicher, maßgebend 8.

Umgehung der Eigentumsübertragung durch anderes Rechtsgeschäft steuerpflichtig 6.

Umgehungsabsicht bei Vereinigungen, die deshalb geschaffen sind 3, 6, 7, 13, 14, 50, 51, 64, 66.

Umlegung von Grundstücken steuerfrei 7; Erwerbspreis bei — 19.

Umschreibung in öffentlichen Büchern an Stelle der Grundbucheintragung maßgebend für Steuerpflicht 4.

Umwandlung einer Geld- in Freiheitsstrafe unstatthaft 55.

Unabhängigkeit der Strafe von der Einziehung der Steuer 52.

Unbeabsichtigte Hinterziehung 51.

Unbebaute Grundstücke, Minimalpreis 1; Begriff der — — 1.

Unentgeltliche Grundstücksüberlassungen zu Verkehrszwecken 20.

Unrichtige Angabe bei Zerlegung des Gesamtbetrages 13; — — in der Steuererklärung 40; Strafvorschrift 50; — — ohne Hinterziehungsabsicht 51.

Unterbleiben der Besteuerung bei früherer Urkunde 63.

Unterhaltung, laufende, von Baulichkeiten, nicht anrechnungsfähig 14.

Unterlassung der Steuererklärung ohne Hinterziehungsabsicht 51.

Unternehmen, Gegenstand d. — bei Vereinigungen 3.

Unterschied zwischen Veräußerungs- und Erwerbspreis als Zuwachs 8.

Unterstützungspflicht der Behörden und Notare bei Ermittelungen der Steuerbehörde 41.

Unzulässigkeit der Zwangsversteigerung ohne Zustimmung des Eigentümers 49, 55; — der Steuer bei früherer Urkunde 63.

Urkunden müssen vorgelegt werden 42; — aus früherer Zeit keine Steuer 63.

V.

Veranlagung der Steuer bei bloßem Veräußerungsgeschäft 5.

Veräußerung für Rechnung eines Dritten 1; Kosten der — abzugsfähig 22; — gilt als nicht erfolgt bei Erlaß der Steuer 34.

Veräußerungsgeschäft kann Steuerpflicht begründen 5; dem — gleichgestellte Rechtsgeschäfte 5; früheres — keine Steuer 63.

Veräußerungspreis bei bebauten und unbebauten Grundstücken 1; Berechnung des — 8—13; Abzüge vom — 22; Hinzurechnungen zum — 23; — bei Ueberwälzung der Steuer 24.

Verbesserungen, dauernde, anrechnungsfähig 14; — von Ländereien 15.

Verdeckung der Eigentumsübertragung durch ähnliche Rechtsvorgänge steuerpflichtig 6.

Verein, eingetragener, Vermögensübertragung des eingetragenen — steht Grundstücksübertragung gleich 3; Straffestsetzungen 53.

Vereinbarung, bei nicht getroffener — Wert maßgebend 11.

Vereinigungen ohne Erwerbszweck steuerfrei 30, 64.

Verhandlungen, Einsicht in —, Steuerbehörden gestattet 41.

Verhinderung zur Fristwahrung bei Einreichung der Beschwerde 45.

Verjährungsvorschriften des BGB. auf Fristen anwendbar 46; — der Steuer 57.

Verkehrsanlagen, Aufwendungen für — anrechnungsfähig 14.

Verlangen der Steuerbehörde zur Einreichung der Steuererklärung 39.
Verlust bei Teilgrundstücken 20.
Vermittler, Haftung des — bei Erhalt eines Teils des Preises 32.
Vermittelungsgebühr als Teil des Entgelts 11; ortsübliche — anrechnungsfähig 14, 22.
Vermögensübertragung einer G.m.b.H., Genossenschaft usw. steht Grundstücksübertragung gleich 3.
Verpflichtung zur Entrichtung 29; — zur Anmeldung 37; — zur Einreichung der Steuererklärung 39; — zur Auskunftspflicht 42.
Versicherung der Richtigkeit bei der Steuererklärung 39.
Versicherungsbeträge nicht anrechnungsfähig 14, 23.
Verspätete Beschwerde 45.
Versteigerung, ohne Zustimmung nicht zulässig 49, 55.
Versuchsarbeiten, bergmännische, anrechnungsfähig 14.
Vertauschung, Berechnung d. Steuer bei — 26.
Verteilung des Gesamtpreises auf mehrere Gegenstände 13; — des Erwerbspreises auf den Rest bei unentgeltlicher Ueberlassung zu öffentlichen Zwecken 20; — der Steuer 58.
Vertreter, Straffestsetzung gegen — bei Gesellschaften 53.
Verwaltung der Steuer, Zuständigkeit 35; Aufsicht über — 36.
Verwaltungsgerichte in Zuwachssteuersachen 44.
Verwaltungsstreitverfahren als Rechtsmittel; gegen Steuerbescheid 44; Kosten des — 56.
Verwaltungsverfahren, Kosten im — 56.
Verwertung von Grundstükken als Gegenstand des Unternehmens von Vereinigungen 3.
Verzinsung, erhebliche, des gestundeten Betrages Teil des Entgelts 11; — des Betrages der Aufwendungen 14 Nr. 4; zu geringe — des Erwerbspreises anrechnungsfähig 22; — 4 prozentige als Voraussetzung für Steuerfreiheit bei sozialen Vereinigungen 30.
Vollmacht zur Grundstücksübertragung steuerpflichtig 5.
Vollmachtgeber, Straffestsetzung gegen — 53.
Vorbescheid 47.

Voreltern, Erwerb von — 7, 65.

Vorläufiger Steuerbescheid 47.

Vorlegung, Pflicht zur — von Urkunden 42.

Vorstandsmitglieder, Straffestsetzungen gegen — 53.

Vorübergehender Zweck von Baulichkeiten 1.

W.

Wahlrecht des Vertragschließenden über Höhe der Gegenleistung 8.

Wandlung des Kaufs bedingt Steuerrückzahlung 34.

Weinberge, Wert des Bodens, 16.

Weitere Beschwerde 45.

Wert des Gesamtgrundstücks, auch bei Teilveräußerungen 1; — der Gegenleistungen 8; — bei Abtretung von Rechten aus dem Meistgebot 9; — des Grundstücks bei nicht getroffener Vereinbarung maßgebend 11; — der Nebenleistungen 11; gemeiner — maßgebend 12; — wiederkehrender Leistungen 12; — des Grundstücks bei Anrechnung ausgefallener Hypotheken maßgebend 14; — des Gegenstandes für Zuständigkeit der Gerichte unerheblich 46; — des Grundstücks bei Gesellschaften maßgebend 64.

Wertminderung bei Rayonbeschränkungen anrechnungsfähig 18; Entschädigungen für — anzurechnen 23.

Wertsteigerung im Tarif 28.

Wertzuwachs, ohne Zutun des Eigentümers 1; — Tarif 28 Berechnung des — bei Ueberlassung gemeinschaftlichen Grundstücks an Mitberechtigte 25.

Wertzuwachssteuer, bisherige 58, 72.

Wiederherstellung von Gebäuden aus Versicherungsgeldern nicht anrechnungsfähig 14.

Wiederkehrende, Wert der — Leistungen 12.

Wirkung, keine aufschiebende, der Beschwerde 45.

Wissentlich unrichtige Angaben, Strafvorschrift 50.

Wohnungen, Beschaffung von — für die minderbemittelten Klassen bedingt Steuerfreiheit 30.

Z.

Zeitraum, maßgebender, bei steuerfreiem Erwerbe 17.
Zeitpunkt, in Betracht kommender bei Veranlagung 5; maßgebender — bei früherem langen Besitz 17; — des Eintritts der Steuerpflicht 62.
Zession der Rechte aus Veräußerungsgeschäften steuerpflichtig 5.
Zolldirektivbehörden, Bundesstaaten ohne — 36, 54.
Zölle, Reichsbevollmächtigte für —, üben Aufsicht 36.
Zollgrenze, Zuwiderhandlungen außerhalb der — 54.
Zollstrafen finden Anwendung 54.
Zulässigkeit des Antrags auf Festsetzung der Steuer 33; — von Rechtsmitteln gegen Steuerbescheid 44; — von verspäteten Beschwerden 45; — der weiteren Beschwerde 45; — von Gemeindezuschlägen 59.
Zurechnungen zum Erwerbspreise 16.
Zurücknahme der Stundungsbewilligung 48.
Zurückzahlung der Steuer wegen Nichtigkeit d. Rechtsgeschäfts 34.
Zusammenhängender Grundbesitz wird berücksichtigt bei Teilveräußerungen 20.
Zusammenlegung (Flurbereinigung) steuerfrei 7.
Zuschlag in der Versteigerung zur Erbschaftsteilung nicht steuerpflichtig 7; Meistgebot bei — maßgebend 9; — zur Steuer 59.
Zuständigkeit für Erhebung und Verwaltung der Steuer 35; — der Landgerichte für Klagen 46; — des Reichsgerichts 46; — für Strafverfolgung 54.
Zustellung des Steuerbescheides als Beginn der Rechtsmittelfrist 45.
Zustimmung des Eigentümers zur Zwangsversteigerung erforderlich 49, 55; — des Reichstags erforderlich 66.
Zutun des Eigentümers zum Wertzuwachs 1.
Zuwachs, Berechnung des — 8—27.
Zuwachssteuer, Abgabe vom Wertzuwachs 1; Freibleiben von der — wegen geringen Betrages 1; Erhebung der — 1 Jahr nach Veräußerungsgeschäft 5; Befreiung von der — aus persönlichen Gründen 7; zuständig für

Erhebung und Verwaltung der — sind Bundesstaaten 35; Hinterziehungsabsicht der — 50, 51; — unabhängig von Bestrafung 52; Kosten des Verfahrens bei der — 56; Verjährung der — 57; Verteilung der — 58; Zuschläge zur — 59; — bisherige 60, 72; Sicherstellung für die — bei der Auflassung 67; — bei Fideikommissen 68; bisherige — der Gemeinden 72.

Zuwachssteuererklärung, Einreichung und Inhalt 39; Strafvorschrift 50.

Zuweisung an Gemeinden zur Ergänzung des bisherigen Durchschnittsertrages 60.

Zuwiderhandlungen gegen Steuerverpflichtungen 50 bis 55; — des Bevollmächtigten 53.

Zwangsversteigerung, Betrag des Meistgebots maßgebend 9; Ausfall in der — anrechnungsfähig 14; keine Haftung des Erstehers in der — für die Steuer 29; — ohne Zustimmung des Eigentümers unzulässig 49, 55.

Zweck, vorübergehender von Baulichkeiten 1; öffentlicher — bei unentgeltlicher Ueberlassung 20.

Druck von Otto Walter in Berlin S. 14.

Guttentag'sche Sammlung

Deutscher Reichsgesetze.

Text-Ausgaben mit Anmerkungen. Taschenformat.

1. **Verfassung des Deutschen Reichs.** Von Dr. **L. von Rönne.** 9. Aufl. von Landrat **P. von Rönne.** 1904. Mit Abänderungen vom Mai 1906. 2 M. 40 Pf.
2. **Strafgesetzbuch** für das Deutsche Reich. Von Dr. **H. Rüdorff.** 23. Aufl. bearbeitet von Prof. Dr. **Fr. v. Liszt** und Dr. **Ernst Delaquis.** 1910. 1 M. 80 Pf.
3. **Militärstrafgerichtsordnung** nebst Einführungsgesetz Von Wirkl. Geheimen Kriegsrat Dr. jur. **A. Romen** u. Kriegsgerichtsrat Dr. jur. **Carl Rissom.** 1910. 6 M.
4. **Handelsgesetzbuch vom 10. Mai 1897 unter Ausschluß des Seerechts.** 14. Aufl. herausgegeben von Geh. Justizrat Prof. Dr. **A. Mosse.** Im Druck.
5. **Wechselordnung vom 3. Juni 1908.** Kommentar von Justizrat Dr. **J. Stranz** und Rechtsanwalt Dr. **M. Stranz,** und das **Wechselstempelsteuergesetz vom 15. Juli 1909** von Geh. Regierungsrat **P. Loeck.** 10. Aufl. 1909. 3 M.

5a. **Wechselstempelsteuergesetz** apart. 10. Aufl. 1 M. 25 Pf.

6. **Reichsgewerbeordnung** nebst **Ausführungsbestimmungen.** Von **Berger** und **Wilhelmi.** 18. veränderte und sehr vermehrte Auflage von Stadtrat Dr. **Karl Flesch** in Verbindung mit Dr. **Friedr. Hiller** u. Dr. **Herm. Luppe.** 1910. 4 M

Ergänzungsband: **Preußische Ausführungs-anweisung.** 1904. 2 M.

7. **Post- und Telegraphen-Gesetzgebung.** Nebst Welt-postvertrag und internationalem Telegraphenvertrag. 6. Aufl. von Geh. Ober-Postrat Dr. **M. König.** 1908. 4 M.

8. Die Reichsgesetze über den **Unterstützungswohnsitz, die Freizügigkeit, den Erwerb und Verlust der Bundes- und Staatsangehörigkeit.** Von Geheim-rat Dr. **J. Krech,** Mitglied d. Bundesamtes für das Heimatwesen. 7. Aufl. Mit Anhang: Gesetz für Elsaß-Lothringen v. 1909. 1908. 3 M.

9. Sammlung **kleinerer strafrechtlicher Reichsgesetze.** Von Dr. **N. H. Kriegsmann,** Privatdozent in Kiel. 3. Aufl. 1910. 4 M.

10. **Das Reichsbeamtengesetz** von **J. Pieper.** 2. Aufl. 1901. 4 M. 50 Pf.

— Gesetz von 1907 siehe Nr. 82.

11. **Zivilprozeßordnung mit Gerichtsverfassungsgesetz in den neuesten Fassungen.** Von **R. Sydow.** Fortgeführt von **L. Busch.** 13. Aufl. mit Novelle betr. Zuständigkeit des Reichsgerichts v. 22. V. 1910. 8°. 1910. 7 M.

Die Novelle (als Anhang der 12. Aufl.) enth. das Gesetz v. 22. V. 1910. 25 Pf.

12. **Strafprozeßordnung und Gerichtsverfassungsgesetz** nebst den Gesetzen, betr. die Entschädigung der im Wiederaufnahmeverfahren freigesprochenen Personen und die Entschädigung für unschuldig erlittene Untersuchungshaft. Von Dr. **A. Hellweg**, Reichsgerichtsrat. 15. Aufl. 1908. 2 M.

13. **Konkursordnung und Anfechtungsgesetz.** Von **R. Sydow.** Fortgeführt von **L. Busch.** 11. Aufl. 1911. In Bearbeitung.

14. **Gerichtsverfassungsgesetz** mit Einführungsgesetz. Herausgegeben von **R. Sydow.** Fortgeführt von **L. Busch.** 9. Aufl. 1905. Mit Nachtrag v. 1. VI. 1909. 1 M. 50 Pf.

15. **Das Deutsche Gerichtskostengesetz** nebst den Gebührenordnungen für Gerichtsvollzieher, Zeugen und Sachverständige. Von **R. Sydow.** Weiter bearbeitet von **L. Busch.** 8. Aufl. 1907. Mit Nachtrag v. 1. VI. 1909. 2 M.

16. **Rechtsanwaltsordnung.** Von **R. Sydow.** 5. Aufl. von Justizrat **M. Jacobsohn.** 1907. Mit Ergänzungen vom 22. V. 1910. 1 M. 20 Pf.

17. **Die Deutsche Gebührenordnung für Rechtsanwälte und das Preußische Gebührengesetz** vom 27. September / 6. Oktober 1899. Von **R. Sydow.** Fortgeführt von **L. Busch.** 9. Aufl. 1910. 2 M.

18. **Reichsstempelgesetz (Börsensteuer, Frachturkunde, Kraftfahrzeuge, Personenfahrkarte, Tantieme für Aufsichtsratsmitglieder).** Vom 15. Juli 1909. Von **P. Loeck,** Geh. Regierungsrat. 10. Aufl. 1910. 8°. 6 M.

19. **Die Seegesetzgebung.** Von Dr. **W. E. Knitschky.** 4. Aufl. bearbeitet von Oberlandesgerichtsrat **Otto Rudorff** in Hamburg. 1908. Mit Anhang vom Januar und Juli 1909. 6 M.

20. **Krankenversicherungsgesetz.** Von weil. Dr. **E. von Woedtke.** 11. Aufl. von Geh. Reg.-Rat Dr. **G. Eucken-Addenhausen.** 1905. 3 M.

21. Die **Konsulargesetzgebung.** Von Professor Dr. **Ph. Zorn.** 2. Aufl. 1901. 3 M.

22. **Patentgesetz.** Nebst Ausführungsbestimmungen, völkerrechtlichen Verträgen und der Patentanwalts-Ordnung. 7. Aufl. bearbeitet von **R. Lutter,** Geh. Reg.-Rat im Kaiserl. Patentamt. 1908. 2 M. 80 Pf.

23. **Gewerbe-Unfallversicherungsgesetz.** Von weil. Dr. **E. v. Woedtke.** 9. Aufl. von **Franz Caspar,** Direktor im Reichsamt des Innern. 1907. 2 M. 50 Pf.

24. **Aktiengesellschaft und Kommanditgesellschaften auf Aktien.** Von Justizrat Dr. **H. Veit Simon** und Amtsrichter **L. Keyssner.** 1911. 6. Aufl. 3 M.

25. **Brausteuergesetz** vom 15. Juli 1909. Von **A. Düffe**, Oberzollrevisor. 2. Aufl. 1909. 3 M.

26. **Die Reichsgesetzgebung über Münz- und Notenbankwesen, Papiergeld, Prämienpapiere und Reichsschulden.** Von Dr. jur. **R. Koch**, Präsident des Reichsbankdirektoriums. 6. Aufl. 1910. 4 M.

27. **Die Gesetzgebung, betr. das Gesundheitswesen im Deutschen Reich.** Von Dr. jur. **C. Goesch** und Dr. med. **J. Karsten.** 1888. 1 M. 60 Pf.

28. **Bau-Unfallversicherungsgesetz.** Vom 30. Juni 1900. Von **R. Chrzescinski**, Kaiserl. Regierungsrat. 3. Aufl. 1900. 2 M.

29. **Erwerbs- und Wirtschaftsgenossenschaften.** Von **L. Parisius** und Dr. **H. Crüger.** 13. Aufl. von Dr. **H. Crüger.** 1910. 1 M. 50 Pf.

30. **Invalidenversicherungsgesetz** vom 13. Juli 1899. Von weil. Dr. **E. v. Woedtke.** 10. Aufl. von Regierungsrat **H. Follmann.** 1906. 4 M.
Siehe auch Handausgabe von Freund Seite 24.

31. **Gewerbegerichtsgesetz.** Von Stadtrat **L. Mugdan.** 6. Aufl. bearbeitet von **W. Cuno**, Erstem Bürgermeister zu Hagen i. W. 1906. 2 M. 20 Pf.

32. **Reichsgesetz, betr. die Gesellschaften mit beschränkter Haftung.** Von **L. Parisius** und Dr. **H. Crüger.** 11. Aufl. von Dr. **H. Crüger.** 1910. 1 M. 40 Pf.

33. **Vereins- und Versammlungsrecht.** Von Dr. **E. Ball.** 2. Aufl. von Dr. **F. Friedenthal.** 1907. 2 M. 50 Pf.

Reichs-Vereinsgesetz vom 19. April 1908 vide Nr. 88.

34. Die **Abzahlungsgeschäfte.** Gesetz vom 16. Mai 1894. 3. vermehrte Aufl. besorgt von Dr. **E. Wilke,** Landgerichtsrat. 1910. 1 M. 25 Pf.

35. Die **Reichs-Eisenbahngesetzgebung.** Von **W. Coermann,** Kaiserl. Amtsrichter. 1895. 2 M. 25 Pf.

36. **Gesetze,** betr. die **privatrechtlichen Verhältnisse der Binnenschiffahrt und der Flößerei.** Von **E. Löwe,** Landgerichtsrat. 4. Aufl. 1909. 3 M.

37. **Gesetz** gegen den **unlauteren Wettbewerb.** Von Justizrat **Pinner.** 5. Auflage. 1910. 1 M. 25 Pf.

38/39. **Bürgerliches Gesetzbuch nebst Einführungsgesetz** von Dr. **A. Achilles.** In Verbindung mit Professor Dr. **André,** Kammergerichtsrat **Ritgen,** Reichsgerichtsrat **Strecker,** Ministerialrat Dr. **Unzner** herausgegeben von Geh. Ober-Justizrat **Greiff.** 6. Aufl. 8°. 1909. 6 M. 50 Pf.

40. **Gesetz,** betr. die **Pflichten der Kaufleute bei Aufbewahrung fremder Wertpapiere (Depotgesetz).** Mit Erläuterungen. Von **F. Lusensky,** Geh. Ober-Regierungsrat. 2 Aufl. 1905. 1 M.

41. **Börsengesetz.** In der Fassung der Novelle vom 8. Mai 1908. 2. Aufl. Von Wirkl. Geh. Ob.-Regierungsrat **Th. Hemptenmacher,** Staatskommissar an der Berliner Börse. 1908. 2 M.

42. **Grundbuchordnung** nebst den preußischen Ausführungsbestimmungen. Mit Einleitung. Von Prof. Dr. **O. Fischer.** 5. Aufl. 1909. 2 M.

43. **Zwangsvollstreckung in das unbewegliche Vermögen** im Reiche und in Preußen. Mit Einleitung, Kosten- und Gebührentabellen. Von Dr. **J. Krech,** Kaiserl. Geh. Regierungsrat und Professor Dr. **O. Fischer.** 6. Aufl. 1910. 2 M.

44. Das Reichsgesetz über das **Auswanderungswesen** vom 9. Juni 1897. Von Professor Dr. **Felix Stoerk.** 1899. 2 M. 25 Pf.

45. Das **Entmündigungsrecht** unter Berücksichtigung der für Preußen geltenden Vorschriften nebst der preußischen Justiz-Ministerial-Verfügung vom 28. November 1899. Von Landgerichtsrat Dr. **P. Koll** in Cöln. 1900. 1 M. 50 Pf.

46. Die Gesetze des Reiches und Preußens über die **freiwillige Gerichtsbarkeit.** Von **Herm. Jastrow,** Amtsgerichtsrat. 4. Aufl. 1906. 3 M.

47. **Das deutsche Vormundschaftsrecht und das preuß. Gesetz über die Fürsorgeerziehung Minderjähriger nebst den dazu gehörigen preußischen Nebengesetzen.** Von **Max Schultzenstein,** Oberverwaltungsgerichtsrat und Amtsgerichtsrat Dr. **Paul Köhne.** 2. Aufl. 1901. 3 M.

48. **Gesetze und Verordnungen, betr. den Drogen-, Gift- und Farbenhandel außerhalb der Apotheken.** Von Dr. **Broh,** Rechtsanwalt. 1899. 1 M. 25 Pf.

49. **Deutsche Kolonialgesetzgebung.** Von Professor Dr. **Philipp Zorn.** 1901. 4 M. 50 Pf.

50. **Der Viehkauf** (Viehgewährschaft) nach dem Bürgerlichen Gesetzbuche. Nebst Verordn. betr. die Hauptmängel und Gewährsfristen beim Viehhandel. Von Rechtsanwalt Dr. **H. Stölzle** und Königl. Kreistierarzt **H. Weiskopf.** 4. Aufl. 1908. 4 M.

51. **Hypothekenbankgesetz** vom 13. Juli 1899. Von Dr. **H. Göppert.** 2. Aufl. Bearbeitet v. Geh. Reg.-Rt. Dr. **Seidel.** 1910. 2 M. 40 Pf.

52. **Gesetz, betreffend die gemeinsamen Rechte der Besitzer von Schuldverschreibungen.** Von Dr. **Heinrich Göppert.** 1900. 2 M.

53. **Reichspreßgesetz** vom 7. Mai 1874. **Kommentar von A. Born.** Erster Bürgermeister. 1911. 2. Aufl. 2 M.

54. **Die Reichsgesetzgebung über den Verkehr mit Nahrungsmitteln, Genußmitteln und Gebrauchsgegenständen.** Von Dr. **Georg Lebbin,** Nahrungsmittelchemiker. 1900. 2 M. 25 Pf.

55. **Das Recht der Beschlagnahme von Lohn- und Gehaltsforderungen.** Von Justizrat **Georg Meyer.** 4. Aufl. 1910. 2 M. 60 Pf.

56. **Gesetz,** betr. die **Bekämpfung gemeingefährlicher Krankheiten.** Nebst Ausführungsbestimmungen. Von Dr. **Bruno Burkhardt,** Regierungsrat, Mitglied des Kais. Gesundheitsamts. 1900. 1 M. 40 Pf.

57. **See-Unfallversicherungsgesetz.** Von **Dr. Max Mittelstein,** Oberlandesgerichtsrat in Hamburg. 1901. 2 M.

58. **Das Recht der unehelichen Kinder** nach dem BGB. Von **Hermann Jastrow,** Amtsg.-Rat. 1901. 1 M. 80 Pf.

59. **Reichsgesetz** über die **Beurkundung des Personenstandes und die Eheschließung.** Von Dr. **F. Fidler,** Amtgerichtsrat. 1901. 1 M. 80 Pf.

60. **Gesetz,** betreffend das **Urheberrecht an Werken der Literatur und der Tonkunst** in der Fassung vom 22. V. 1910. Von Oberlandesgerichtsrat **Otto Lindemann.** 3. Aufl. 1910. 1 M. 60 Pf.

61. **Gesetz über das Verlagsrecht.** Von Justizrat **E. Heinitz.** 2. Aufl. Bearbeitet v. Rechtsanwalt Dr. **Marwitz.** 1911. 1 M. 80 Pf.

62. Ges. über **private Versicherungsunternehmungen.** Von **H. Könige,** Reichsgerichtsrat. 2. Aufl. 1910. 4 M. 20 Pf.

63. **Gesetzestafel des Deutschen Reichsrechts.** Systematisch geordnete Nachweisung des z. Z. geltenden Reichsrechts. Ergänzungsband zu der Guttentag'schen Sammlung Deutscher Reichsgesetze. Von **Hugo Bruhns,** Syndikus. 1902. 8°. 2 M. 50 Pf.

64. Gesetzsammlung betr. den **Handel mit Drogen und Giften.** Reichsgesetzl. Bestimmungen und Anhang mit den landesgesetzl. Verordnungen sämtlicher Bundesstaaten. Von Rechtsanwalt **H. Sonnenfeld,** Syndik. d. Berl. Drogisten-Innung. 1902. 3 M.

65. Das **Weingesetz** in der Fassung v. 1909. Mit Ausführungsbestimmungen von Dr. **Georg Lebbin,** Handels- u. Gerichtschemiker. 2. Aufl. 1909. 2 M. 50 Pf.

66. Die **Eisenbahn-Gesetzgebung.** Von **W. Pietsch,** Rechnungsrat im Reichs-Eisenbahn-Amt. 1902. 5 M.

67. **Militär-Strafgesetzbuch.** Von **Romen** u. **Rißom.** In Vorbereitung.

68. Das **Fleischbeschaugesetz.** Vom 3. Juni 1900. Von Dr. **Georg Lebbin,** Gerichtschemiker und Rechtsanwalt Dr. **Georg Baum.** 1903. 4 M.

69. **Reichsgesetz über die Naturalleistungen der bewaffneten Macht im Frieden** nebst den in Preußen geltenden Bestimmungen. Von Regierungsassessor Dr. **Walter v. Hippel.** 1903. 1 M. 25 Pf.

70. **Das Reichs-Haftpflichtgesetz,** vom 7. Juni 1871. Von Regierungsrat Dr. **G. Eger.** 1903. Preis 3 M.

71. **Kinderarbeit in gewerblichen Betrieben,** v. 30. März 1903. Von **H. Spangenberg,** Oberverwaltungsgerichtsrat. 2. Aufl. 1904. 1 M. 60 Pf.

72. **Unfallversicherungsgesetz für Land- und Forstwirtschaft** von weil. Dr. **E. von Woedtke,** fortgesetzt von **Alfred Radtke,** Geh. Regierungsrat und Senatspräs. im Reichsversicherungsamt. 2. Aufl. 1904. 4 M. 50 Pf.

73. **Entschädigung für unschuldig erlittene Verhaftung und Bestrafung.** Nebst Anhang, enth. die dazu gehörigen Nebengesetze über Schadensersatz. Von Dr jur. **A. Romen,** Wirkl. Geh. Kriegsrat. 1904. 2 M.

74. Die **Kaufmannsgerichte** nebst den preuß. Ausführungsbestimmungen. Von Prof. Dr. **Max Apt,** 3. Aufl. 1905. 2 M.

75. Reichsgesetz über die **Konsulargerichtsbarkeit.** Von Dr. jur. **A. F. Vorwerk,** Rechtsanwalt in Schanghai. 2. Ausgabe, mit dem Schutzgebietsgesetz und der Ausführungsverordnung, betr. die Rechtsverhältnisse in den Schutzgebieten. 1908. 2 M.

76. **Die Rechtshilfe im Verkehr mit den ordentlichen Gerichten nach deutschem Reichsrecht.** Von Landrichter Dr. **A. Friedländer.** 1906. 1 M. 80 Pf.

77. **Das Reichserbschaftssteuergesetz.** Vom 3. Juni 1906. Von **Ulrich Hoffmann,** Rechnungsrat im Kgl. Preuß. Finanzministerium. 2. Aufl. 1911. 5 M.

78. **Zigarettensteuergesetz.** Vom 15. Juli 1909. Von Dr. **Cuno,** Regierungsassessor. 2. Aufl. 1909. Im Druck, nach Erlaß der sämtl. Ausf.=Best.

79. **Die Militärpensionsgesetze** vom 31. Mai 1906 nebst Ausführungsbestimmungen. Zum Gebrauch für Heer, Marine und Schutztruppe von Dr. jur. **A. Romen,** Wirklicher Geheimer Kriegsrat.

a) I. Teil: Offizierpensionsgesetz. 1907. 3 M. 50 Pf.

b) II. Teil: Mannschaftsversorgungsgesetz. 1908. 3 M. 50 Pf.

80. **Reichsgesetzgebung über gerichtliche Registerführung.** Von **Otto Lindemann,** Landrichter. 1906. 3 M.

81. **Gesetz,** betr. **Urheberrecht an Werken der bildenden Künste und der Photographie.** Von Dr. **Ludw. Fuld,** Rechtsanwalt. 1907. 1 M.

82. **Reichsbeamtengesetz** in der Fassung vom 18. Mai 1907 und seine Ergänzungen von Geheimrat Professor Dr. **Ad. Arndt.** 1908. 3 M.

83. Reichsgesetz über **den Versicherungsvertrag** nebst Einführungsgesetz. Von Dr. **Paul Hager** und Dr. **E. Bruck.** 2. vermehrte u. verbess. Aufl. 1910. 5 M.

84. **Sammlung kleinerer privatrechtlicher Reichsgesetze** von Landrichter **Georg Müller.** 1908. 6 M. 50 Pf.

85. **Scheckgesetz** mit Einleitung usw. Von Prof. Dr. **Max Apt.** 5. Aufl. Mit Postscheckordnung v. 6. XI. 1908 und im Anhang „Besteuerung des Schecks". 1909. 2 M.

Postscheckordnung vom 6. XI. 08. Apart mit Erläuterungen u. Ausführungsbestimmungen. (30 Pf.)

86. **Die Auslieferungsverträge des Deutschen Reiches** von Landrichter **A. Cohn.** 1908. 4 M.

87. **Gesetz zum Schutz der Warenbezeichnungen.** Von Geh. Reg.-Rat, Mitgl. des Patentamts Dr. **Freund** u. Rechtsanwalt **Magnus.** 5. Aufl. 1909. 3 M. 50 Pf.

88. **Vereinsgesetz** vom 19. April 1908. Von Dr. jur. **A. Romen,** Wirkl. Geh. Kriegsrat. 2. Aufl. 1908. 1 M. 50 Pf.

89. **Vogelschutzgesetz** vom 30. Mai 1908 **nebst den das** Flugwild betr Bestimmungen der Preußischen Jagdordnung von Dr. jur. **Leo von Boxberger.** 1908. 1 M.

90. Die Haager Abkommen über das **Internationale Privatrecht** von Dr. **G. A. E. Bogeng.** 1908. 2 M. 20 Pf.

91. **Eisenbahn-Verkehrsordnung** vom 23. Dez. 1908. Mit Ausführungsbestimmungen. Von Regierungsassessor bei der Eisenbahndirektion Breslau Dr. **Ernst Blume.** 1909. 2 M. 50 Pf.

92. **Gesetz**, betr. den **Verkehr mit Kraftfahrzeugen.** Von Amtsrichter **R. Kirchner.** 2. **Ausgabe** ergänzt durch die Bundesratsverordnung v. 3. Febr. 1910 u. das Internationale Uebereinkommen v. 11. Okt. 1909. 1910. 3 M.

93. **Gesetz** über die **Sicherung der Bauforderungen** von Justizrat Dr. **E. Harnier.** 2. Aufl. 1909. 1 M. 30 Pf.

94. **Haftpflicht der Reichs- und Staats-Beamten** v. Dr. **H. Delius.** 2. Aufl. 1909. Mit dem Nachtrag, betr. das Gesetz über die Haftung des Reichs für seine Beamten v. 22. Mai 1910. 3 M. 50 Pf.

95. Die Berner Uebereinkunft über **internationales Urheberrecht** von Dr. **Herm. Dungs,** vortrag. Rat im Reichsjustizamt. 1910. 1 M.

96. **Branntweinsteuergesetz** vom 15. Juli 1909. Unter Berücksichtigung der für das Reich erlassenen Ausführungsbestimmungen. Von Geh. Reg. Rat **Johs. Nay,** vortrag. Rat im Reichsschatzamt. 1910. 3 M. 50 Pf.

97. **Schutzgebietsgesetz** nebst der Verordnung betr. die Rechtsverhältnisse in den Schutzgebieten, dem Gesetz über die Konsulargerichtsbarkeit sowie den Ausführungsbest. u. ergänz. Vorschriften. Von **Johs. Gerstmeyer,** Wirkl. Legationsrat u. Vortrag. Rat im Reichskolonialamt. 1910. 3 M.

98. **Sechs Haager Abkommen** über **Internationales Privatrecht.** Von Dr. **Herm. Dungs,** vortrag. Rat im Reichs-Justizamt. 1910. 1 M. 50 Pf.

99. **Die Abkommen der Haager Friedenskonferenz** von Dr. jur. **Hans Wehberg.** 1910. 3 M.

100. **Gesetz** über den **Absatz von Kalisalzen.** Von Geh. Bergrat **Carl Voelkel.** 1910. 2 M. 40 Pf.

Guttentag'sche Sammlung

Preußischer Gesetze.

Text-Ausgaben mit Anmerkungen. Taschenformat.

---

1. Die **Verfassungs-Urkunde** für den Preußischen Staat. Mit Einleitung, vollständigem Kommentar. Von Prof. Dr. **Adolf Arndt.** 6. Aufl. 1907. 3 M.

2. Preußische **Beamten-Gesetzgebung.** Enthaltend die wichtigsten Beamtengesetze in Preußen. Von **C. Pfafferoth.** 4., neubearb. Aufl. 1905. Mit Anhang: Abänderung vom 27. Mai 1907. 2 M.

3. **Die Aufnahme des Nottestaments** durch die bestellten Urkundspersonen. Anweisung mit Musterbeispielen und Abriß des Erbrechts von Amtsgerichtsrat **C. Kurtz.** 1904. 1 M. 50 Pf.

4. **Gebührenordnung** für **Notare vom** 25. Juli 1910. 4. Aufl. bearbeitet von Justizrat **Rausnitz.** 1910. 2 M. 20 Pf.

5. **Gesetz vom 24. April 1854 (betr. die außerehel. Schwängerung).** Von Dr. **Schulze.** 1873. 75 Pf. Gültiges Recht siehe: Reichsgesetze Nr. 58.

6. Die Preuß. **Ausführungsgesetze und Verordnungen zu den Reichs-Justizgesetzen.** Von **R. Sydow.** 3. vermehrte Aufl. 1895. 2 M. 40 Pf. S. Seite 23, Busch-Eylau, Ausführungsgesetze.

7. **Allg. Gerichtsordnung** und Preuß. **Konkursordnung.** Von **F. Vierhaus.** Vergriffen.

8. **Vormundschaftsordnung.** Von **F. Schultzenstein.** Gültiges Recht siehe: Reichsgesetze Nr. 47.

9. **Die Preußische Grundbuchgesetzgebung.** Von Prof. Dr. **Fischer.** Vergriffen. Siehe: Reichsgesetze Nr. 42.

10. **Einkommensteuergesetz.** Von **A. Fernow,** Geh. Ober-Finanzrat. 7. Aufl. 1908/9. Mit Nachtrag v. 22. III. u. 26. V. 09. 3 M. 25 Pf.

11. **Gewerbesteuergesetz.** Von **A. Fernow,** Geh. Ober-Finanzrat. 5., vermehrte Aufl. 1910. 3 M.

12. **Allgemeines Berggesetz** für die Preußischen Staaten vom 24. Juni 1865. Von **W. Westhoff** und **W. Schlüter.** 2. Aufl. 1907. Mit Nachtrag v. 1909. 5 M.

13. **Ergänzungssteuergesetz** (Vermögenssteuergesetz). Von **A. Fernow,** Geh. Ober-Finanzrat. 4. vermehrte Aufl. 1907. 2 M. 40 Pf.

14. **Kommunalabgabengesetz.** Vom 14. Juli 1893 und Gesetz wegen Aufhebung direkter Staatssteuern. Von Dr. **F. Adickes,** Oberbürgermeister. 4. Aufl. 1906. 1 M. 50 Pf.

15. Die **Kreisordnungen** für den Preußischen Staat. Von **O. Kolisch,** Landgerichtsrat. 1894. 4 M.

16. **Konzessionierung gewerblicher Anlagen.** Preuß. Ausführungs-Anweisung zu §§ 16 u. ff. der Gewerbe-Ordnung. Von Dr. **W. v. Rüdiger,** Geh. Regierungs- u. Gewerberat. 2. Aufl. 1901. 2 M.

17. **Preußisches Gerichtskostengesetz.** Vom 25. Juli 1910. **Mit Kostentabellen** Von Dr. **P. Siméon,** Kammergerichtsrat. 6. Aufl. 1910. 3 M. 60 Pf.

18. **Preußisches Stempelsteuergesetz vom** 30. Juni 1909. **Mit Ausführungsbestimmungen.** Von **P. Loeck,** Geh. Regierungsrat. 7. Aufl. 8°. 1911. ca. 7 M.

19. **Das Jagdscheingesetz. Mit ausführlichen Erläuterungen.** Von **F. Kunze,** Wirklichem Geh. Ober-Regierungsrat. 2. Aufl. 1899. 2 M.

20. **Die preußischen Erbschaftssteuergesetze.** Unter Berücksichtigung der Novelle vom 31. Juli 1895. Von **U. Hoffmann,** Rechnungsrat im Königl. preuß. Finanzministerium. 1905. 4 M. (Reichs-Erbschaftssteuergesetz s. Reichsgesetze Nr. 77).

21. **Gesetz über die Handelskammern.** Von **F. Lusensky,** Geh. Regierungsrat. 2. Aufl. 1909. 3 M.

22. **Gesetz, betr. Anstellung und Versorgung der Kommunalbeamten.** Von Dr. **W. Ledermann,** Magistratsassessor zu Berlin. 1899. 1 M. 25 Pf.

23. **Ausführungsgesetz zum Bürgerlichen Gesetzbuche.** Von Kammergerichtsrat Dr. **P. Siméon.** 2. Aufl. 1905. 1 M. 80 Pf.

24. **Die Hinterlegungsordnung** in der Fassung des Ausführungsgesetzes z. BGB. v. 20. Sept. 1899 nebst Ausführungsbestimmungen. Von Regierungsrat Dr. **Georg Bartels.** 2. Aufl. 1908. 2 M.

25. **Preußische Kommunalbeamtengesetzgebung.** Von Magistr.-Assess. Dr. **Fr. Kremski,** Berlin. 1901. 3 M.

26. **Gesetze über das Diensteinkommen der Lehrer und Lehrerinnen, Ruhegehalt und Fürsorge für Hinterbliebene.** Tabelle zur Berechnung der Ruhegehalts-, Witwen- u. Waisenbezüge. Von Dr. **Ed. Cremer,** Beigeordneter. 1900. 2 M. 40 Pf.

27. **Gesetz, betreffend die Warenhaussteuer.** Von Geh. Ober-Finanzrat Dr. **G. Strutz.** 1900. 1 M. 20 Pf.

28. **Gesetz über die Fürsorgeerziehung Minderjähriger.** Von Landgerichtsdirektor Dr. **P. F. Aschrott.** 2. umgearbeitete Aufl. 1907. 2 M. 80 Pf.

29. **Gesetz, betr. die ärztlichen Ehrengerichte, das Umlagerecht und die Kassen der Aerztekammern.** Von Amtsgerichtsrat Dr. **F. Fidler.** 1901. 1 M. 50 Pf.

30. **Das Preußische Staatsschuldbuch** und **Reichsschuldbuch.** Von Wirkl. Geh. Ober-Finanzrat **J. Mücke,** 1902. 2 M.

31a. **Die geltenden Preußischen Gesindeordnungen.** Herausgegeben in zwei Bänden von **Stephan Gerhard,** Rechtsanwalt in Berlin. 1902.

Band I: Gesindeordnung für die altpreußischen Provinzen vom 8. XI. 1810, mit Erläuterungen unter Berücksichtigung der Ergänzungsgesetze und der Rechtsverhältnisse der Gesindevermieter, sowie die Gesindeordnungen für Neuvorpommern und Rügen und für die Rheinprovinz. 2 M. 50 Pf

31b. **Band II: Gesindeordnungen für Hannover, Schleswig-Holstein, Hessen-Nassau und den Regierungsbezirk Hohenzollern.** 2 M. 50 Pf.
Siehe auch Seite 24: Ratgeber von Grieben.

32. **Die Städteordnung für die sechs östlichen Provinzen Preußens vom 30. Mai 1853.** Von **Dr. jur. Walter Ledermann,** Magistrats-Assessor zu Berlin. 8°. 1902. 6 M.

33. **Rentenguts- und Anerbenrechts-Gesetzgebung in Preußen.** Von Landgerichtsrat **M. Peltasohn** und Rechtsanwalt **Bruno Peltasohn.** 1903. 3 M.

34. Sammlung der wichtigsten **preußischen Strafgesetze** nebst Anhang: Gesetz betr. polizeiliche Strafverfügungen vom 23. April 1883. Von **Otto Lindemann,** Oberlandesgerichtsrat. 1903. 2 M. 50 Pf.

35. **Geschäftsordnung für Gerichtsvollzieher.** Gerichtsvollzieherordnung und Gebührensätze von Amtsgerichtssekretär **Emil Exner.** 1904. 3 M. 50 Pf.

36. **Polizeiverordnungen in Preußen.** Von **Otto Lindemann,** Landrichter. 1904. 1 M. 50 Pf.

37. **Gesetz über die Enteignung von Grundeigentum** vom 11. Juni 1874. Von Oberlandesgerichtsrat **O. Meyer.** 2. Aufl. 1911. 2 M. 25 Pf.

38. **Kreis- und Provinzial-Abgabengesetz.** Vom 23. April 1906. Von **Fr. Schmidt,** Gemeindevorsteher. 1906. 1 M. 25 Pf.

39. **Gesetz** betr. die **Unterhaltung der öff. Volksschulen.** Von **Dr. A. Marcks,** Reg.-Rat. 1906. 2 M.

40. **Verwaltungsstrafverfahren** bei Zuwiderhandlungen gegen die Zollgesetze und indirekte Reichs- und Landesabgaben, sowie die Bestimmungen über die Schlacht- und Wildpretsteuer vom 26. Juli 1897. Von **Dr. Richard Katzenstein,** Gerichtsassessor. 1907. 3 M. 60 Pf.

41. Die **preußischen Jagdpolizeigesetze.** Von **Fr. Kunze,** Wirkl. Geh. Oberregierungsrat und **R. Kühnemann,** Rechtsanwalt. 2. Aufl. 1907. 3 M. 60 Pf.

42. Die Gesetzgebung über die **Allgemeine Landesverwaltung** und über die **Zuständigkeit der Verwaltungs- und Verwaltungsgerichtsbehörden.** Von Rechtsanwalt **Dr. Karl Friedrichs.** 1908. 3 M.

43. Gesetz betr. die **Zulassung einer Verschuldungsgrenze** für land- und forstwirtschaftlich benutzte Grundstücke v. 20. August 1906 nebst Ausführungsvorschriften. Von Dr. jur. **R. Leweck,** Syndikus der Ostpreuß. Landschaft. 1908. 2 M. 40 Pf.

44. **Quellenschutzgesetz** vom 14. Mai 1908 nebst den Ausführungsbestimmungen von **Carl Voelkel,** Geheimer Bergrat. 1909. 1 M.

45. **Rechtsverhältnisse der Juden in Preußen** von Dr. jur. et rer. pol. **Max Kollenscher,** Rechtsanwalt. 1910. 2 M. 40 Pf.

Guttentag'sche Sammlung von Text-Ausgaben mit Sachregister ohne Anmerkungen.

Taschenformat, elegant in Leinen gebunden.

Reichs-Justizgesetze: Gerichtsverfassungsgesetz. Zivilprozeßordnung. Konkursordnung. Strafprozeßordnung. 2. Aufl. In einem Bande 3 M. 80 Pf.

Zivilprozeßordnung mit **Gerichtsverfassungsgesetz** und **Einführungsgesetzen.** Neue Fassung von 1909 mit Ergänzungen v. 22. Mai 1910. 2 M.

Konkursordnung mit **Einführungsgesetz.** 80 Pf.

Bürgerliches Gesetzbuch nebst **Einführungsgesetz.** 10. Abdruck. 2 M. 50 Pf.

Handelsgesetzbuch nebst **Einführungsgesetz** u. **Seerecht.** 8. Abdruck. 1910. 1 M. 80 Pf.

Ausführungsanweisung zur Gewerbeordnung vom 1. Mai 1904 nebst der preuß. technischen Anleitung. 2 M.

Militärstrafgerichtsordnung nebst **Einführungsgesetz** u. Ges., betr. Dienstvergehen der richterlichen Militärjustizbeamten u. unfreiwillige Versetzung derselben usw. **Militär-Strafgesetzbuch** *) mit Abdruck der entsprechenden Bestimmungen des Reichs-Strafgesetzbuchs. 2. Aufl. 1 M. 50 Pf. *) Ist auch einzeln zu haben. Preis 1 Mk.

Wechselordnung in der Fassung der Bekanntmachung v. 3. Juni 1908. Mit Anhang: **Wechselprozeß und Ausführungsanweisung.** 1908. 1 M.

Die Preußischen Ausführungsgesetze zum Bürgerlichen Gesetzbuche und Nebengesetze. Text-Ausgabe ohne Anmerkungen. 5. Aufl. Taschenformat. Geb. in ganz Leinen Preis 1 M. 80 Pf.

Reichsfinanzgesetze v. 15. Juli 1909 einschließlich der **Reichsstempelgesetze** u. des **Erbschaftssteuergesetzes.** 1909. Geb. in ganz Leinen. 2 M.

Zuwachssteuergesetz. 80 Pf.

Guttentag'sche Sammlung von Text-Ausgaben mit Sachregister ohne Anmerkungen.

Die Preußischen Ausführungsgesetze, Verordnungen und ministeriellen Verfügungen zu dem Bürgerlichen Gesetzbuche und den Reichs-Justizgesetzen nebst anderen zugehörigen Gesetzen. Von **L. Busch.** 2. Aufl. von Landrichter **O. Eylau.** 8°. Preis geb. 4 M. 50 Pf.

Preußische Bürgerliche Gesetzsammlung. Sammlung der noch geltenden Landesgesetze privatrechtlichen Inhalts. Herausgegeben von den Gerichtsassessoren **D. Fischer** und **Dr. F. Schroeder.** 8°. 2 Bände Preis geb. in ganz Leinen 20 M.

Erster Band: **Das Allgemeine Landrecht mit den Einführungs-Patenten.** Preis 6 M.

Zweiter Band: **Gesetze von 1773—1902.** Preis 14 M.

Preußisches Baupolizeirecht. Mit Kommentar der Baupolizeiverordnung für die Vororte von Berlin. Vom 28. Mai 1907. Von Gemeinde-Baurat **Carl Saß,** Königlichen Reg.-Baumeister a. D. Preis 6 M.

Straßen- und Baufluchtliniengesetz. Kommentar für den praktischen Gebrauch mit zeichnerischen Darstellungen von Gemeindebaurat **Karl Saß,** Kgl. Regierungsbaumeister a. D. 8°. Preis kartoniert 3 M.

Fluchtliniengesetz. — Das Gesetz, betreffend die **Anlegung** und **Veränderung** von Straßen und Plätzen in Städten und ländlichen Ortschaften vom 2. Juli 1875. Des Kommentars von weil. Oberverwaltungsgerichtsrat R. Friedrichs. Sechste, völlig neubearbeitete Auflage. Von Senatspräsident Dr. jur. Hugo von Strauß und Torney. 1910. Im Druck.

Invalidenversicherungsgesetz vom 13. Juli 1899. Handausgabe mit Anmerkungen herausgegeben von Dr. Richard Freund, Vorsitzendem der Landes-Versicherungsanstalt Berlin. 3 Aufl. geb. 5 M.

Wie leitet man eine Versammlung? Geschäftlicher Handweiser für Vorsitzende. Von einem Mitgliede des deutschen Reichstages und des preußischen Abgeordnetenhauses. 2. Aufl. 1908. kart. 1 M.

Praktischer Ratgeber für Dienstherrschaften nach dem Preuß. Gesinderecht unter Berücksichtigung der neueren Entscheidungen bearbeitet von H. Grieben, Verwaltungsdir. a. D. u. Bürgermeister. 1908. 1 M.

Das Recht der Handlungsgehilfen und Handlungslehrlinge. Von Rechtsanwalt Hugo Horrwitz. 2. Aufl. 1905. (203 S.) Geb. in Leinen 3 M.

Die Registratur. 2. Auflage. 1906. Von Hermann Kollrack, Kgl. Polizeisekretär am Berliner Polizeipräsidium. 8°. (84 S.) Kart. 1 M. 40 Pf.

Die Pflichten des Waisenrates. Ein praktischer Leitfaden für Waisenräte und Verwaltungsbeamte. Von F. Baum, Geh. Justizrat und Vormundschaftsrichter. Achte vermehrte und verbesserte Auflage. 1906. 8°. (46 S.) 60 Pf.

Der Vormund, Gegenvormund, Pfleger u. Familienrat. Nach dem Bürgerlichen Gesetzbuch, dem Reichsgesetz über die Angelegenheiten der freiwilligen Gerichtsbarkeit und dem Ausführungsgesetz zum BGB. Ein praktischer Leitfaden. Von F. Baum, Geh. Justizrat und Vormundschaftsrichter. 1899 8°. (64 S.) 50 Pf.

Schlagwort-Register.

R. = Nummer der Sammlung Deutscher Reichsgesetze
P. = Nummer der Sammlung Preußischer Gesetze.
S. = Seite.

Abzahlungsgeschäfte R. 34.
Aerztekammern P. 29.
Aerztl. Ehrengerichte P. 29.
Aktienrecht R. 24, 26.
Altersversicherungsges R. 30.
Anerbenrechtsgesetz P. 33.
Anfechtungsgesetz R. 13.
Ansiedelungsgesetz s. S. 23 Baupolizeirecht.
Arbeiterschutzgesetz R. 6.
Arbeiterversicherungsgesetze R. 20, 23, 28, 30, 57.
Arzneimittel R. 6, 64.
Ausführungsanweisung zur Gew.O. S. 22.
Ausführungsgesetze z. BGB. P. 23, S. 22.
Ausführungsgesetze zu den Reichsjustizgesetzen P. 6, S. 23.
Auslieferungsverträge R. 86.
Auswanderungsgesetz R. 9, 44.
Automobilges. R. 92.

Bankgesetz R. 26.
Baufluchtengesetz S. 23.
Baumfallversicherungsgesetz R. 28.
Baupolizeirecht S. 23.
Beamtengesetze R. 10, 82, 94, P. 2.
Bekämpfung gemeingefährlicher Krankheiten R. 56.
Belagerungszustand P. 34.
Berggesetz P. 12.
Beschlagnahme von Lohn- und Gehaltsforderungen R. 55.
Beurkundung des Personenstandes R. 59.
Binnenschiffahrtsgesetz R. 36.
Blei- u. zinkhaltige Gegenst. R. 9.
Börsengesetz R. 41.
Börsensteuergesetz R. 18.
Branntweinsteuerges. R. 96.
Brausteuererhebung R. 25.
Bundes- und Staatsangehörigkeit R. 8.
Bürgerliche Gesetzsammlung für Preußen S. 24.
Bürgerliches Gesetzbuch R. 38/39, S. 22, 23.
Bürgerliches Rechts-Lexikon S. 31.

Chausseegeld P. 34.
Civilprozeßordnung R. 11, S. 22.

Dampfkesselbetrieb R. 6, P. 34.
Deichgesetz S. 23 (Baupolizeirecht).
Depotgesetz R. 40.
Diensteinkommen der Lehrer und Lehrerinnen P. 26.
Dienstboten siehe Gesinde.
Ratgeber für Dienstherrschaften S. 24.
Drogenhandel R. 48, 64.

Eheschließungsgesetz R. 59.
Einkommensteuergesetz P. 10.
Eisenbahngesetzgebung R. 66, 35.
Eisenbahnverkehrsordnung R. 91.
Elektrizitäts-Diebstahl R. 2.
Enteignung von Grundeigentum P. 37.
Entmündigungsgesetz R. 45.
Entschädigung freigesprochener Personen R. 12.
Entschädigung unschuldig Verhafteter u. Verurteilter R. 73.
Entziehung elektr. Arbeit R. 2.
Erbschaftssteuergesetz R. 77, P. 20.
Ergänzungssteuergesetz P. 13.
Erwerbs- und Wirtschaftsgenossenschaften R. 29,

Fahrkartensteuer R. 18.
Farbengesetz R. 9, 48.
Farbenhandel R. 48.
Feingehalt der Gold- und Silberwaren R. 9.
Feld- u. Forstpolizeiges. P. 34.
Feuerversicherung P. 34.
Fischereigesetz P. 34.
Fleischbeschauges. R. 9, 54, 68.
Flößereigesetz R. 36.
Forstdiebstahl P. 34.
Frachturkundensteuer R. 18,
Freiwillige Gerichtsbarkeit R. 46.
Freizügigkeit R. 8.
Fürsorgeerziehung Minderjähriger R. 47, P. 28.

Gast- u. Schankwirtschaftsgehilfen R. 6.
Gebrauchsgegenstände, Verkehr mit R. 9, 54.
Gebrauchsmusterschutzgesetz R. 9, 84.
Gebührengesetz, preußisches, für Rechtsanwälte und Gerichtsvollzieher R. 17.
Gebührenordnung für Gerichtsvollzieher R. 15.
Gebührenordnung für Notare P. 4.
Gebührenordnung für Rechtsanwälte R. 17.
Gebührenordnung für Zeugen und Sachverständige R. 15.
Gehaltsforderungen, Beschlagnahme von R. 55.

Genehmigung gewerblicher Anlagen P. 16.
Genossenschaftsgesetz R. 29.
Genußmittel, Verkehr mit R. 9, 54.
Gerichtsbarkeit, freiwillige R. 46.
Gerichtskostengesetz, deutsches R. 15.
Gerichtskostengesetz, preußisches P. 17.
Gerichtsordnung, Preußische P. 7.
Gerichtsverfassungsgesetz R. 14, 11, 12, S. 22.
Gerichtsvollzieher-Gebührenordnung R. 15.
Geschäftsordnung für Gerichtsvollzieher P. 35.
Gesellschaften mit beschränkter Haftung R. 32.
Gesetzbuch, Bürgerliches R. 38/39, S. 22, 23.
Gesetzestafel des deutschen Reichsrechts R. 63.
Gesetz-Sammlg., preuß. S. 23.
Gesindedienstpflichten P. 34.
Gesindeordnungen, preußische P. 31a, 31b, S. 24.
Gesundheitswesen R. 27.
Gewerbebetrieb im Umherziehen R. 6, P. 34.
Gewerbegerichte R. 31.
Gewerbeordnung R. 6, S. 22.
Gewerbesteuergesetz, preußisches P. 11.
Gewerbe-Unfallversicherungsgesetz R. 23.
Gifthandel R. 48, 64.
Gold- u. Silberwaren-Feingehalt R. 9.
Grundbuchordnung R. 42,
Grundbuchgesetzgebung, Preußische P. 9.
Grundeigentum, Enteignung von P. 37.

Haager Friedenskonferenz R. 99.
Haftpflichtgesetz R. 70, 94.
Handelsgesetzbuch R. 4, S. 22,
Handelskammergesetz P. 21.
Handfeuerwaffen R. 9.
Handlungsgehilfen S. 24.
Handwerkergesetz R. 6.
Hilfskassen, eingeschr. R. 20.
Hinterlegungsordnung P. 24.
Hypothekenbankgesetz R. 51.

Jagdpolizeigesetz P. 34, 41.
Jagdscheingesetz P. 19, 34.
Inhaberpapiere mit Prämien R. 9.
Internat. Privatrecht R. 90, R. 98.
Invalidenversicherung R. 30. S. 24.

Kaligesetz R. 100.
Kaufleute, Pflichten bei Aufbewahrung von Wertpapieren R. 40.
Kaufmannsgerichte R. 74.

Kiautschou-Gebiet, militär. Strafrechtspflege im R. 3.
Kinder, Recht d. unehel. R. 58.
—, Unterbringung verwahrloster R. 47, P. 28.
Kinderarbeit, gewerbl. R. 2, 71.
Kinderschutzgesetz R. 71.
Kolonialgesetzgebung R. 49.
Kommunalabgabenges. P. 14.
Kommunalbeamtenges. P. 22.
Kommunalbeamtenrecht P. 25.
Konkursordnung R. 13, S. 22.
Konkursordnung, Preuß. P. 7.
Konsulargerichtsbarkeit R. 75.
Konsulargesetzgebung R. 21, 75.
Konzessionierung gewerbl. Anlagen P. 16.
Kraftfahrzeuge R. 18, 92.
Krankenversicherungsgesetz R. 20.
Kreisabgabengesetz P. 38.
Kreisordnungen P. 15.

Ladenschluß R. 6.
Landesgesetze, privatrechtliche. (Bürg. Gesetzsamml.) S. 23.
Landestrauer P. 34.
Landesverwaltungges. P. 42.
Landrecht, preußisches S. 23.
Lehrergehalts- u. -Pensionsgesetze P. 26.
Literaturschutz R. 60, 95.
Lohnforderungen, Beschlagnahme von R. 55.
Lotteriespiel P. 34.

Mannschaftsversorgungsges. R. 79 b.
Mantelgesetz R. 23.
Margarinegesetz R. 9, 54.
Medizinalgesetzgebung R. 27.
Militärpensionsgesetze R. 79.
Militärische Geheimnisse, Verrat R. 9, 84.
Militärstrafgerichtsordnung R. 3, S. 22.
Militärstrafgesetzbuch R. 67, S. 22.
Minderjährige, Fürsorgeerziehung für R. 47, P. 28.
Mineraliengewinnung und Aneignung P. 34.
Mobiliar-Feuerversich. P. 34.
Modellschutzgesetzgeb. R. 9.
Münzwesen R. 26.
Musterschutzgesetz R. 9.

Nahrungsmittelgesetze R. 9, 54, 65.
Naturalleistung für die bewaffnete Macht R. 69.
Notare, Gebührenordnung für preußische P. 4.
Notenbankwesen R. 26.
Nottestament P. 3.

Offizierpensionsges. R. 79.

Patentgesetz R. 22, 9.
Personenstandsges. R. 59, 9, 2.
Pensionsgesetze R. 10, 79, P. 2, 26.
Photographieschutz R. 81, 9.

Polizeiverordnungen i. Preußen P. 36.
Postgesetze R. 7.
Postscheckordnung R. 85.
Preßgesetz R. 9, 53.
Preußische Verfassung P. 1.
Privatrechtliche preußische Landesgesetze S. 23.
Privatrechtliche Reichsgesetze R. 84, 90.
Provinzialabgabenges. P. 38.

Quellenschutzgesetz P. 44.

Rayongesetz R. 84.
Reblausgesetz R. 84, P. 34.
Rechte der Besitzer v. Schuldverschreibungen R. 52.
Rechtsanwalts-Gebührenordnung R. 17.
Rechtsanwaltsordn. R. 16.
Rechtshilfe R. 76.
Rechtslexikon S. 23.
Rechtsmittel S. 29, 30.
Rechtsverhältnisse der Juden P. 45.
Registerführung, gerichtliche R. 80.
Registratur S. 24.
Reichsbeamtengesetz R. 10, 82
Reichseisenbahngesetzgebung R. 35, 66.
Reichserbschaftssteuer R. 77.
Reichsfinanzgesetze S. 23
Reichsgewerbeordnung R. 6, S. 22.
Reichsgrundbuchordn. R. 42,
Reichs-Justizgesetze S. 22, R. 11, 12, 13.
— —, Ausführungsgesetz dazu S. 22.
Reichskassenscheine R. 9.
Reichsmilitärgesetz R. 84.
Reichspreßgesetz R. 53.
Reichsschuldbuch P. 30.
Reichsseuchengesetz R. 9, 56.
Reichsstempelgesetz R. 18.
Reichsverfassung R. 1.
Rentengutsgesetze P. 33.
Rinderpest R. 9.

Saccharingesetz R. 9, 54.
Schadensersatz an unschuldig Verhaftete u. Verurteilte R. 73.
Scheckgesetz R. 85.
Schlachthäuser P. 34.
Schlachtviehgesetz R. 9, 54, 68.
Schonzeit des Wildes P. 34.
Schuldverschreibungsgesetz R. 52.
Schulunterhaltungsges. P. 39.
Schutzgebietsgesetz R. 75, 97.
Schutztruppe, Strafverfahren R. 3, Pension R. 79.
Schwängerung, außereheliche R. 58, P. 5.
Seegesetzgebung R. 19.
Seerecht vide HGB. Text.
See-Unfallversicherungsgesetz R. 57.
Seuchengesetz R. 56.

Sklavenhandel R. 9.
Sozialpolitische Gesetze R. 20, 23, 28, 30, 57, 72.
Sprengstoffgesetz R. 2, 9.
Staatsangehörigkeit, Erwerb und Verlust R. 8.
Staatsschuldbuch P. 30.
Staatssteuern, Gesetz betr. Aufhebung direkter P. 14.
Städteordnung für die 6 östlichen Provinzen P. 32.
Stempelsteuergesetz f. Preußen P. 18.
Stempelsteuergesetz für das Reich R. 18.
Steuergesetze R. 5, 18, 25, P. 10, 11, 13, 14, 18, 20, 27.
Strafgesetzbuch R. 2.
Strafgesetze preuß. P. 34.
Strafprozeßordnung R. 12, S. 24.
Strafrechtliche RG. R. 9.
Straßen- und Baufluchtengesetz S. 24.
Subhastationsgesetz R. 43.
Süßstoffe, künstliche R. 9, 54, 64.

Tantièmensteuer R. 18.
Telegraphengesetze R. 7.
Testamentsrecht P. 3.

Uneheliche Kinder R. 58.
Unfallversicherungsgesetze R. 23, 28, 57, 72.
Unlauterer Wettbewerb R. 37.
Unterbringung verwahrloster Kinder R. 47, 28.
Unterhaltung d. Volksschulen P. 39.
Unterstützungswohnsitz R. 8.
Urheberrechtsgesetze R. 9, 60, 22, 81, 95.

Vereinsgesetz R. 88.
Vereins- u. Versammlungsrecht R. 33, P. 34.
Verfälschung v. Nahrungsmitteln R. 54, Wein R. 65.
Verfassung, Reich R. 1.
Verfassung, preußische P. 1.
Verkehrsabgaben P. 34.
Verlagsrecht R. 61.
Vermögenssteuergesetz P. 13.
Verrat militärischer Geheimnisse R. 2, 9.
Versammlung, wie leitet man eine S. 24.
Verschuldungsgrenze P. 43.
Versicherungsvertrag R. 83.
Versicherungsunternehmungen, private R. 62.
Versorgung der Kommunalbeamten P. 22.
Verwaltungsstrafverfahren P. 40.
Verwendung gesundheitsschädlicher Farben, Nahrungsmittel, Wein R. 54, 65.
Viehkauf (Viehgewährschaft) und Viehhandel R. 50.
Viehseuchengesetz R. 84.

Vogelschutzgesetz R. 89.
Vormundschaftsordnung, preußische P. 8.
Vormundschaftsrecht, Deutsches R. 47, S. 25.

Waisenrat S. 24.
Wald- und Wassergenossenschaft P. 34.
Wandergewerbebetrieb P. 34.
Warenzeichenrecht R. 9, 87.
Warenhaussteuergesetz P. 27.
Wechselordnung R. 5, S. 22.
Wechselstempelsteuerges. R. 5.
Weingesetz R. 9, 54, 64, 65.
Wertpapiere, Depotgesetz R. 40.
Wettbewerb, Bekämpfung unlauteren R. 37.
Wild-Schonzeit P. 34.
Wuchergesetz R. 2.

Zeugengebühr R. 15.
Zigarettensteuergesetz R. 78
Zuständigkeitsgesetz P. 42.
Zuwachssteuergesetz S. 22.
Zwangserziehung R. 47.
Zwangsversteigerung an Immobilien R. 43.
Zwangsvollstreckungsgesetz R. 43.

---

3. 31 000 III. 11.

Kolibri 360 GmbH
Ferdinand-Jühlke-Straße 7
99095 Erfurt, Deutschland
produktsicherheit@kolibri360.de